작은 것들에 입술을 달아주고

작은 것들에 입술을 달아주고

이근화 에세이

차례

006 들어가며

1부 '나'를 재빠르게 훔치고 속이는 기술

011 솔방울 접사

021 마음을 부드럽게 하는 것

027 미치지 않도록 내가 하는 것들

2부 명랑하게 무심하게 때로는 절실하게

051 한겨울 냉면의 쨍한 맛

065 내 친구 풋풋은 집에 없다

083 미련한 자의 입은 멸망을 부르고

102 무리 바깥의 어린 양들

3부 상처와 고통의 발명

117 숲이 불타고 있다

130 작은 인간들

140 숲을 헤엄치는 물고기들

152 ChatGPT가 알려준 나의 모든 것

162 나가며

| 들어가며 |

　엄청난 비극과 말도 안 되는 사건들은 금방 알게 됩니다. 중요한 정보도 누군가 재빠르게 공유해줍니다. 새로운 것들을 더 빨리, 더 많이 보게 되는 날들입니다. 우리는 어딜 향해 무엇을 위해 달려가는 것일까요? 자신과 대화하는 방법에 대해서 사람들은 잘 말하지 않습니다. 재난과 폭력 속에 잠도 잘 안 오고 이토록 괴로운데 말입니다. 지구에서의 삶도, 기술의 발전도 낙관할 수 없고 인간의 분별력도 도통 믿을 수가 없습니다. 더 인간답게 존재하기 위해 작은 것들에 입술을 달아주고 귀 기울여보는 일이 제게만 필요한 것은 아닐 겁니다. 저마다 조금씩 삶의 여유를 갖고 자신을 되돌아보고, 주변을 돌보며, 대화하는 삶을 살기를 바

들어가며

라는 마음으로 그동안의 글들을 다듬었습니다. 이 글을 읽는 독자분들이 삶의 소중함을 발견하게 되기를 바랍니다.

1부

'나'를 재빠르게 훔치고 속이는 기술

솔방울 접사

 나는 무엇인가에 빠지면 좀처럼 헤어나지 못한다. 최근에 내가 빠진 것은 어이없게도 솔방울이다. 지난 연말이었다. 노저히 연말 같지 않은 연말. 분노와 수치심이 뒤범벅되어 일에 집중하지 못하고 글을 쓸 수도 없는 시간이었다. 눈에 솔방울이 들어온 것을 보면 주로 땅만 보고 다닌 모양이었다.
 모교에 자리를 잡고 일하게 되면서 나름의 루틴이 생겼다. 출근 시간의 혼잡함을 피하려 일찍 광역버스를 타고 음악을 들으며 경기도 인근의 캠퍼스에 도착해 아침을 맞이한다. 하루를 일찍 시작하면 아무것도 하지 않아도 기분이 괜찮다. 책상에 멍하니 앉아 있는 시간을 통해 나는 생각보다 오래 앉아 있을 수 있다는 걸 알게 되었다. 그리고 걷기를 좋아한다. 잡다한 업무를 보는 것으로 오전 시간은 훌쩍 지나간다. 학교 식당에서 점심을 먹고 캠퍼스를 한바퀴 도는 것으로 점심시간을 채운다. 경사진 캠퍼스는 언제나 걷기 힘들고 날씨는 항상 너무 덥거나 너무 춥다. 그리고 소나무가 있다. 솔방울이 제법 떨어진 길들을 걸으며 저걸로 뭘 하나, 어찌해야 하나. 내 몫의 걱정이 아닌 것을 스스로 만들어낸 나를 대견하다 할까, 한심하다 할까. 일없이 그걸 그냥 하나 주워봤다. 거칠고 딱딱하고 차가운 것을. 때론 축축하고 먼지 끼고 뾰족한 것을. 거기서 끝나지 않았다.

솔방울이 자꾸 눈에 들어왔다. 자꾸 보니 반갑고 예쁘다고 해야 할까. 크기와 모양과 색을 강박적으로 염탐하기 시작했다. 여기저기 함부로 떨어진 솔방울에 눈길을 주다 보면 산책이 금방 끝나버린다. 눈만 마주치는 것이 아니다. 누구에게도 말하기 뭐한 솔방울을 하루에 하나씩 주웠다. 아무도 눈치 채지 못하도록 최대한 자연스럽게 슬쩍 주워 들고 잽싸게 주머니에 넣었다. 나는 캠퍼스의 솔방울을 훔치기 시작했다. 캠퍼스를 걸어 다니는 사람 중에 아무도 솔방울 따위에 눈길을 주지 않았다.

*

줍기만 했을까. 얼마 지나지 않아 나와 내 딸은 뭔가를 만들기 시작했다. 내가 만든 건 리스였다. 그럴듯한 나뭇가지에 솔방울을 실로 감아 양쪽 끝에 매달았다. 생각보다 균형을 잡기 어려웠다. 솔방울만으로 충분하지 않아 중간에 솔잎도 매달았고, 밤톨도 주워 함께 달았다. 꽤 그럴듯해 보였다. 크리스마스라 신난 건 아니었다. 대통령이 해묵은 공포를 조장하며 비상계엄을 선포했다. 인공지능이 만들어낸 18세기 절대왕정 콘셉트의 딥페이크 영상인 줄 알았다. 국가의 수장이 폭력을 앞세워 내란을 조장했는데 어떻게 신이 날 수 있겠는가. 혼란스러운 정국 속에서 말도 안 되는 말이 나뒹굴고, 함부로 이야기되는 민주주의가 부끄럽기 짝이 없었다. 거리로, 광장으로 많은 사람이 나섰으나 혐오와 대립의 골이 깊어져갔다. 검사 출신의 대통령이

법을 따르지 않고 법을 농락했다. 우리가 생각했던 법치주의의 기강이란 아예 없었던 모양이다. 구속 집행까지도 너무 긴 시간이 걸려 우리 마음속에 사회 시스템에 대한 깊은 불신과 허탈감을 불러일으켰다. 어떤 초현실주의 예술보다 그로테스크한 현실 속에 한국사회는 놓여 있다.

그러니까 솔방울.

둥글고, 뾰족하고, 차가운 그것을 하루하루 만난다.

몇개씩 주워 든 솔방울은 어느새 꽤 많은 양이 되었다. 비닐봉지 가득 담아 집으로 가져갔다. 바가지에 담아 물에 담가놓았다. 솔방울은 물을 먹으면 오므라진다. 물이 서서히 증발하면 다시 펴진다. 그러면 다시 물을 부어놓는다. 솔방울 가습기. 옥수동 꼭대기에 자리 잡은 지 오래된 아파트는 중앙난방식이라 집안 온도를 개별적으로 조정할 수 없다. 추위를 많이 타는 나조차도 반소매를 입고 겨울을 지낼 만큼 난방을 세게 하는데 온도를 낮출 수가 없다. 그렇다보니 겨울이면 코가 답답하고 입이 마른다. 하루 종일 뉴스를 들여다보는 남편은 얼굴이 벌게졌고 눈도 까끌까끌한 모양이다. 솔방울 가습기를 방마다 놓아두었고 식구들 누구도 만류하지 않았다. 오므라들었다 펴졌다가 하는 솔방울은 마치 살아 있는 것처럼 느껴진다. 봄철 황사가 지나도록 솔방울 가습기는 그렇게 제 할 일을 한다.

아이는 솔방울에 팔다리를 달아주었다. 나보다 창의적이었다. 손에는 깃발도 들고 있었다. 솔방울 사람. 제발 그 깃발에 정치적으로 올바른 말이 쓰여 있기를 바란다. 출퇴근길 길거리에서 마주하는 현수막을 보고 있노라면 피로감이 심해진다. 최근 몇달간 한남동을 지나는 출퇴근길 정체는 극심했고 그때마다 시위 현장의 모습은 발걸음을 더 무겁게 했다. 노인, 장애인, 청년들이 탄핵 무효를 외치는 데 동원되어 앞장서서 확성기에 대고 소리를 지르는 것을 듣고 있자면 국민의 분열을 조장하여 갈등을 심화시킨 것이야말로 되돌리기 어려운 과오로 보인다. 건강한 정치적 논쟁을 만들어낸 것이 아니라 고통받고 불안한 사람들을 속이고 겁줘서 진실을 보지 못하게 만들었으니 앞으로 우리 사회가 나아갈 길이 너무 멀고 아득하게 느껴진다. 혐오를 기본으로 장착한 사람들과 어떻게 대화를 이어나가야 하는 것일까.

하루는 솔방울 하나를 주워 책상 위에 뒀더니 벌레가 꾸물꾸물 기어 나왔다. 솔방울은 벌레의 집이었다. 내가 그 집을 통째로 옮긴 것이다. 죄를 지은 기분이 들었다. 그런데 제자리를 모르겠네. 어디 있던 솔방울이었나. 그러나 한번 나온 벌레는 솔방울로 돌아가지 않고, 키보드를 두드리는 내게 자꾸만 기어 왔다. 돌아가. 돌아가. 돌아가.

돌아가지 말고 나와 사귈까. 나도 지금 무척 외롭거든. 화가 나거든.

그래서 솔방울을 들고 책상 위에 탁탁 두들겨보니 온갖 잡다한 것이 털려 나온다. 흙먼지와 쪼그만 벌레들이 수두룩하다. 털어도 털어도 계속 나온다. 쓸어도 쓸어도 끝나지 않는다. 솔방울은 끝이 없다. 솔방울 속 너희들은 누구니. 그리하여 스마트폰 카메라로 솔방울을 확대해본다. 내가 미처 알지 못한 솔방울의 무엇이 있다는 듯이. 겹겹이 페이스트리처럼 속을 알 수 없는 것. 카메라를 들이대면 솔방울처럼 보이지 않는 것이 솔방울이다. 다 볼 수 없는 것이 솔방울이다. 다시 낱낱이 보면 그건 누군가의 손톱을 뽑아 그러모아놓은 것처럼 기괴해 보였다. 마구 달려들어 할

퀼 것만 같다.

저녁 퇴근 시간에는 솔방울이 없다. 조금이라도 일찍 나서 퇴근길 정체를 피하려고 마음이 바빠진다. 돌아가 가족들과 저녁밥을 먹어야 한다. 다시 광역버스를 타고 분당, 판교를 지나 고속도로에 진입하면 차량이 늘어서 있고, 전용도로를 타고 서울에 들어선다. 문제는 한남대교를 지나 한남동 오거리에 진입할 때다. 때때로 숨이 막히고 화가 끓어오른다. 그러니 다시 내일 솔방울을 주울 수밖에.

솔방울을 보며 나는 지구의 중력을 느낀다. 지구가 솔방울을 끌어당기는 보이지 않는 작은 힘을 상상하며 이 지구가 왜 나를 끌어당기고 있는지, 세상에 발붙이고 숨을 어떻게 쉬어야 하는지 고민하게 된다. 그 고민이 나를 어디로 데려갈까.

*

4월 헌법재판소의 판결이 있었다. 당연한 결과이지만 그마저도 마음 졸이며 기다렸다는 것이 내심 억울했다. 광장에서 펼쳐진 새로운 세대의 상큼한 시위 문화, 유모차를 끌고 나온 가족들을 애써 떠올려보았다. 서로를 격려하며 오랜 시간 끈기 있게 부당한 권력에 맞선 이들의 용기와 뜨거운 열망이 헛되지 않았다는 것에 안도했다. 이런 성취 후에도 마음은 막막하다. 불신과 편향이 얼마나 엄청난 결과를 초래하는지 맞닥뜨려야 했으며 대화가 불가능한 여러 상대들을 속속들이 알게 되었다. 특히 국민 간의 대립과 혐오의 골이 깊어진 것은 오랜 시간 해결해야 할 문제처럼 보인다. 무엇보다 한국의 극단적인 양당체제가 쉽게 해결되지 않을 것인데, 정쟁만을 일삼는 여야의 대결에 맞서 어떻게 새로운 정치 구도와 판을 짜야 하는 것인가. 국민은 이제 제발 권위주의에 대한 향수를 접고, 상식이 없고 법치주의를 훼손하는 무소불위의 지도자를 더이상 뽑아서는 안 된다. 우리 앞에 펼쳐진 나날의 삶이 정치임을 기억해야 할 것이다. 자신의 권력을 위해서 행동하는 지도자가 아니라 공공의 삶을 돌보는 지도자를 신중하게 가려 뽑아야 한다. 아이들조차도 탄핵정국에 대해 자세히 묻고, 여러 정치인에 대한 부모의 견해를 캐물었다. 학교에서 저희끼리 애기를 나누다 싸우고 울며 억울해하기도 했다. 다른 때와 달리 혼내지 않고 가만히 타일렀다. 어리더라도 알 건 알아야 한다. 나는 어릴 때 뉴스를 봐도 부모와 그런 대화를 나누지 못했고, 옆 동네에서 매운 최루탄 가스가 날아올 때마다 부모님이 한탄해서서 데모가 나쁜 건줄로만 알았다. 나는 아이들이 정치 상황에 대해 알고 자연스럽게 자기 생각과 뜻을 말할 수 있도록 자라면 좋겠다. 지난겨울부터 봄까지 나의 산책길에 놓인 솔방울은 그렇게 이러저러한 생각들로 모였다 흩어지고는 했다.

*

캠퍼스 한바퀴는 계속되고 있다. 뜻하지 않게 크고 탐스러운 솔방울을 만나기도 하고, 조그맣고 귀여운 솔방울을 만나기도 한다. 그리고 벌레들의 집이자 흙으로 돌아가야 할 솔방울을 이제는 줍지 않는다. 그 자리에서 만나기만 한다. 솔방울은 저 혼자 자연의 순리와 질서에 기대어 있다. 국가를 유린하고, 국민을 기만한 자들은 지금 어쩌고 있는가. 상식과 규범에 기대어 살도록 내버려두지 않는 사회에서 우리는 무엇을 기다리고 있는 것일까. 솔방울은 평범하고 다정하고 말이 없다. 아니, 종종 말을 한다. 거칠고 뾰족한 말을. 순하고 다정한 말을. 솔방울이 아니었다면 지난겨울부터 올봄까지 아주 힘들었을 것이다.

마음을 부드럽게 하는 것

노모의 건강 악화로 마음이 거칠어졌다. 내가 어찌할 수 없는 사고 앞에서 무력감을 느끼며 부모와 아이들을 돌보는 일은 현기증을 일으킨다. 병동의 소란과 침묵을 견디다 집에 돌아오면 아이들이 반갑게 맞아준다. 아이들의 생동감과 유연성이 너무 낯설다. 주삿바늘과 소독약의 세계에서 초콜릿과 동화의 세계로 건너오는 일. 생활은 언제나 그러한 낙차를 동반한다. 얼른 마음을 좀 부드럽게 해야 한다. 아이들과 늦은 저녁을 먹고 나면 대개 영화를 보거나 동화책을 읽는다.

『친구가 된 자프와 보크』엔스 라스무스 그림, 이혜영 옮김, 기탄동화 2005 는 게오르그 비드린스키가 쓴 동화책이다. 작고 여린 울보 자프와 크고 힘센 심술쟁이 보크가 친구가 되는 과정을 그려냈다. 보크의 심술궂은 말 때문에 자프는 눈물을 흘리고 그 눈물이 연못을 이루게 된다. 슬픔이란 아마도 그런 것. 눈물을 흘리기 때문일까. 물에 빠져 죽을 것 같은 감정이 불쑥 솟아오른다. 연못에서 허우적거릴 때, 그제야 보크는 자프를 달래기 시작하는데……

> 보크: 어이, 정말 끔찍한 아침이지? 이 더벅머리 빗자루야!
> 정말 으스스한 저녁이야, 이 물받이 통아!
>
> 자프: 인생은 슬픈 거야. 너무나 슬픈 거야. 검은 돌덩이처럼!
>
> 보크: 울보야, 진짜 그렇게 생각해? 인생이 슬픈 거라고?
> 아니야, 인생은 즐거운 거야.
> 마치…… 꿈틀대는 빨간 호스처럼!

마음을 부드럽게 하는 것

(…)

아니면…… 노란 풍차처럼!

또, 초록 물방울 무늬 넥타이처럼!

울고 있는 자프를 달래는 동안 보크의 마음도 부드러워졌다고 동화는 말한다. 마음을 부드럽게 하는 것. 그게 아마도 비유의 힘일 것이다. 엄마의 고통을 줄이기 위해 마약성 진통제를 요청하고, 축축한 기저귀를 갈아드리고, 휠체어로 옮겨 바깥 산책도 해드렸는데, 어쩐지 노모의 마음을 부드럽게 하는 말은 단 한마디도 못한 것 같다. 나는 어떤 비유도 떠올리지 못했다. 극심한 통증으로 섬망 증세까지 나타나는 엄마 앞에서 나는 뻣뻣하게 굳어갔다.

보크: 인생은 아름다운 거야.

이층짜리 케이크처럼!

또 엄청나게 커다란 오이 피클 병처럼!

자프: 네가 이렇게 재미있는 줄은 몰랐어.

자프는 비로소 방긋 웃을 수 있게 된다. 웃게 만드는 것, 그래서 사람의 마음을 조금 어루만질 수 있게 하는 것. 그것 또한 비유의 힘일 것이다. 그런 면에서라면 비유 없이 건강하게 잘 살아갈 수 있는 사람은 굳이 시를 읽지 않아도 좋을 것이다. 그런데 삶이라는 것이 그렇게 호락호락하지 않아서 다들 얼마간 조금씩 아픈 곳이 있다. 그래서 상처를 봉합하고 치유할 만한 이미지를 발견하는 일이 중요하다. 심호흡하며 머릿속을 비우는 일이 어렵다면, 무엇인가 하나쯤 떠올려봐도 좋을 것이다. 커다란 갈색 항아리, 검고 무거운 피아노, 거칠고 단단한 바윗돌…… 어디 멀리 날아가버릴 것 같은 위태로운 나를 붙잡아줄 것들이 나는 필요하다. 너무 무겁게 가라앉는다면 가벼운 것을 떠올리는 것은 어떤가. 처마 끝에 매달린 물방울, 돌돌거리는 냇물 소리, 곰 모양의 알록달록한 젤리 같은 것.

친구가 된 자프와 보크는 서로 다른 성격이어도 함께 어울려 잘 놀게 된다. 카드놀이도 하고 장기도 둔다. 어둠이 밀려오면 서로의 등에 기대어 앉는다. 자프는 노래를 흥

얼대며 수염을 돌돌 말아 올리기도 한다. 보크는 자프더러 "넌 정말 멋진 시인이야" 칭찬해준다. 괜찮은 비유를 통해 마음이 좀 나아지고 살 만해지면 이제 잘 놀아야 한다. 좋아하는 것들을 찾아 움직여야 하며, 가만히 쉬는 시간도 필요하다. 기댈 수 있는 누군가의 어깨나 등이 있다면 좋겠지만, 혼자라면 어떤가. 취향껏 딱딱하거나 푹신한 의자를 선택해도 좋을 것이고, 풀 위나 모래사장 위에 아무렇게나 누워도 좋을 것이다. 재밌는 것을 함께 하는 활동의 시간도, 가만히 아무것도 하지 않는 풍요로운 시간도 삶에는 필수적이다. 그것이 우리의 숨을 가지런하게 해준다. 일만 하다 보면 숨이 가빠지고 호흡이 나빠진다. 잠깐 샛길을 걷는 일이 내 삶에 꼭 필요하다. 멋진 비유만큼이나 시에도 그런 여유와 헛걸음이 필요하리라. 거칠게 불쑥 솟아오르는 말들, 뜬금없이 튀어나온 생경한 언어들을 쳐내느라 젊음의 에너지를 쏟을 때도 있었으나 이제는 가만히 나를 좀 내버려두곤 한다. 지쳐서 못난 말들이 쏟아져 나올 때 그것이 그대로 시가 되지는 않지만 나답고 익숙한 언어 뒤에 숨어 시인 행세를 하고 싶지는 않다. 시는 나의 자연이기에 내가 그 안에서 끊임없이 나를 솟아오르게 할 수 있다. 넘어지고 쓰러지고 드러누워 나는 시라는 베개에 고개를 고인다. 엄마의 고통 앞에서 아직 나는 어둠과 침묵을 베고 누운 것 같다.

    엄마는 예민하고 지극한 사람이다. 평생 흔들림 없이 아내와 엄마의 자리를 지켜왔기에 아빠는 엄마가 죽는 순간까지 잘 보살펴주고 싶다고 울먹거리며 자식들에게 도와달라고 부탁했다. 강인한 성격의 아빠가 하기 어려운 부탁이었다. 평생 부모님의 불화 속에 자식들은 숨죽여 눈치보는 시간이 많았다. 엄마도 아빠도 다른 사람을 사랑하는 것은 쉬웠을 것이지만 그렇게 하지 않았다. 의리는 사랑보다 깊다. 그제야 나는 은사시나무를 떠올려본다. 엄마가 조금 나아진다면 함께 조용한 은빛의 숲길을 걸어보고 싶다.

미치지 않도록 내가 하는 것들

1

최근에 시집을 내고 대학원에서 가르침을 받았던 선생님께도 한권 보내드렸다. 건강이 안 좋다는 얘기를 들어왔던 터라 가만히 안부를 여쭈었다. 선생님께서 책을 받으시고 짧은 메시지를 주셨다. "시집 고마우이. 시를 계속 쓸 수 있다는 것은 세계의 경이에 계속 관여하고 있다는 것이겠지. 자랑스럽게 생각하네." 눈물이 핑 돌았다.

글을 쓰는 일은 이 세계에 관여하고자 하는 욕망에서 비롯된다. 관여함이란 세계를 탐험하며 나를 세우고, 지우고, 또다시 짓는 일의 반복일 것이다. 그러한 반복은 예술가의 작업이지만 엄마의 일과는 조금 다르다. 엄마에게는 세계를 탐험할 존재들을 먹이고 입히고 재우는 일이 주되게 주어지기 때문이다. 아이들을 기르기 위해서는 더 많은 인내심과 양보가, 다정함과 일관성이 필요하다. 종종 작가의 덕목과 엄마의 덕목은 상충되는 것처럼 보이기도 한다. 안달복달하는 심정을 들키기라도 하면 누군가는 그래도 지금이 좋을 때라고 말한다. 자녀들이 독립하면 단출한 시간이 주어져 편한 것이 아니라 내팽개쳐진 기분이 드는 것인지도 모르겠다.

대단한 변화나 성과 없이 글쓰기를 추동하는 일에도 얼마간의 용기가 필요하다. 머물되 나아가고, 나아가되 초심을 잊지 않고 되돌아보는 작업이 글쓰기에 필요한 덕목이라면 늘 읽고 사유하며 쓰는 연습이 필요하다. 아이들의 엄마로서만 다 소진되어서는 안 될 것 같지만 엄마 노릇을 하다보면 쉽게 에너지와 체력이 바닥나고는 한다. 가사노동과 육아에 덜 지치도록 스스로를 지켜가야 하는데 그럴 만한 여유가 있는 여성들이 얼마나 될까. 돌봄은 성역할이라는 관습뿐 아니라 사회 구조와 계층의 문제이기도 하다.

희망이 아주 없지는 않다. 한국사회에서 여성으로, 엄마로 산다는 건 실패의 가능성이 높다는 것이고 그 말인즉슨 재능의 도움 없이도 시인의 길이 열려 있는 것이 아니겠는가.

　문학 이야기 말고 생활 이야기를 좀 해볼까 한다. 적지 않은 산문을 써온 터라 하지 않은 이야기가 또 있을까 싶지만 하고 싶은 이야기들이 내게는 아직 남아 있다. 어려움과 고통에 대해 말하지 않고 난감함에 대해 말하고 싶다. 해결하기가 어렵고 딱한 사정이란 것은, 그저 힘들고 아픈 것과는 조금 다르다. 마음의 균형을 잡고 온건해지기 위해 애쓰지만 아이들과 지내면서 균형은 쉽게 깨이지고 잔소리가 심해지고 참지 못해 욱할 때가 많다. 학창 시절에도 하지 않던 상욕이 입 밖으로 튀어나오기도 한다. 그러나 삶의 난감함 속에서도 나는 웃고 싶고 기어이 살고 싶다. 괜찮은 엄마이고 싶고 무엇보다 시를 쓰는 사람으로 남고 싶다.

2

나는 대부분의 돌봄 시간을 먹이는 데 주력하고 있다. 요즘은 더 간편하고 빠르게 먹는 일을 해결할 수 있는데 그렇게 하지를 못한다. 거의 모든 메뉴가 빠르게 배달되는데, 셰프의 특선 요리를 새벽 배송으로 받을 수 있는데, 어디든 밖에 나가서 맛있는 것을 사 먹을 수도 있는데 굳이 집밥에 매달려 있다. 집착에 가까울 정도로 모든 식재료를 미리 준비해 냉장고를 채워놓는다. 재해와 사고가 들이닥치더라도 집에서 한달 가까이는 버틸 수 있을 것이다. 아마도 스트레스 때문인 것 같다. 날마다 두세끼를 차려 먹는 것도 고단하지만 바로 그 고단함 때문에 음식에 더 공들이는 이 아이러니를 어떻게 설명해야 할까. 아이들이 먹고 싶다고 하면 새벽에 일어나 김밥을 싸고, 치즈를 끓여 퐁듀도 만들고, 누린내가 싫지만 양꼬치도 굽는다. 스트레스가 많아지면 나는 온갖 식재료를 검색해서 장바구니에 가득 넣어둔다. 대체 먹는다는 것은 무엇인가.

출산 이후 자연스럽게 모유 수유를 시작하게 되었다.

수유를 하면서 강사 일을 병행하는 것이 쉽지 않았다. 아이는 서너시간마다 엄마 젖을 물려야 해서 유축기를 사용해 젖을 짜놓고 일을 나가곤 했다. 아기는 젖병으로 엄마 젖을 먹었다. 문제는 강의를 하는 동안 젖이 불어 아프다는 것이다. 수유용 패드가 젖기도 해서 쉬는 시간에 퉁퉁 불은 젖을 화장실에서 짜내버리고는 했다. 커다란 가방에 유축기와 책을 함께 넣고 다녔다. 뭐 그리 악착같이 일을 하나 싶기도 하겠지만 일을 그만두고 아이만 돌보는 삶을 선택하는 것도 힘들기는 마찬가지다. 거기에는 상당 부분 경제적 문제가 포함되어 있다. 시간강사 벌이가 많지 않았지만 그렇게라도 하지 않으면 글을 쓰며 살아내기 어려웠다. 남편도 사정은 마찬가지였다. 외벌이로 대도시 생활을 감당하기 어려웠으며 한국사회는 특히 아이를 키우는 데 많은 비용을 요구한다.

아이를 낳고 수유를 하고, 백일이 지나면 일을 시작하고, 돌이 되어 밥에 적응하면 어린이집에 보내는 방식으로 네 아이를 키웠다. 막내로 태어난 쌍둥이를 키울 무렵에는 몸이 너무 지쳐서 젖이 잘 나오지 않아 혼합 수유를 했다.

분유를 먹이면 간단할 줄 알았는데 그게 또 그렇지가 않았다. 자다 일어나 물을 끓이고 분유를 타고 적절한 온도로 식히고 다 먹이고 나면 젖병을 소독해야 하는 번거로움이 있었다. 젖을 끊고 이유식을 시작하면 더 고단하다. 이유식을 만들고 먹이는 내내 어른 먹거리와 아이 먹거리를 따로 준비하는 이중 부담을 지게 된다. 아이가 음식에 적응하도록 하는 과정도 대단한 인내심을 필요로 한다. 어린아이들이 어느 정도 자라기까지 항상 바닥에 밥풀이 떨어져 있어 발바닥에 끈적끈적하게 들러붙고는 했다. 밥풀 노이로제에 걸릴 지경이었다. 물론 젖을 빠는 아이가 주는 충일감, 오물거리는 입의 귀여움, 맛을 탐색하는 초롱초롱한 눈동자 같은 것은 잘 잊히지 않는다. 기억은 힘이 세서 꼬박꼬박 밥을 하게 만드나보다. 물론 먹이는 것이 모성의 전부는 아니지만 말이다.

아이들이 무서운 속도로 자라나 이제 한끼 정도는 학교 급식을 먹고 아침과 저녁 식사를 함께 한다. 여섯 식구의 식비가 만만치 않다. 쌀 20킬로그램을 사도 보름이 안 가는 것 같다. 나는 거의 비건에 가까운 식사를 하지만 아이들은 육류를 좋아한다. 90년대 후반 한미 FTA 반대 시위를 하느라 광화문에 가서 피켓을 들었는데, 이제는 식비 걱정을 하며 수입 육류를 집어 들게 된다. 어쩌면 엄마의 부담은 계층의 하단으로 갈수록 더 무거워지는 것이 아닐까. 꼭 뭘 살 때의 문제뿐 아니라 자신의 노동력을 덜어내고 쉴 수 있는 여유 또한 부족할 것이기 때문이다. 자기 일을 하고, 운동하고, 충분히 쉴 수 있는 여성으로 살 수 있다면 엄마 노릇도 꽤 괜찮게 할 수 있지 않을까.

네 아이가 지속적으로 만드는 소란함 가운데 미치지 않기 위해 나는 커피를 마시며 빵을 물고 있는 시간이 많다. 기꺼이 중독에 빠져든다. 카페인과 글루텐이 내 몸을 점령하도록 내버려둔다. 아이들을 키우기 전에는 술과 담배를 즐겼다. 알코올과 니코틴의 세계가 훨씬 더 매혹적이지만 그만큼 육체적 피로도가 높다. 그래서 덜 피곤한 것으로 옮겨 갔다. 그래서일까. 아이들은 일찍이 커피 향과 맥주 거품에 익숙해졌고 요리에 관심이 많다. 주말이면 아이들이 머핀과 쿠키를 만드느라 온 집 안이 밀가루 천지가 되고, 달걀과 버터가 여기저기 흩뿌려져 있다. 심지어 수제

초콜릿을 만든다고 난리여서 중탕이 어쩌고저쩌고 하더니, 식용색소까지 사놓으라고 한다. 아이들이 이렇게 된 것은 엄마 아빠 때문이기도 하다. 나뿐 아니라 아빠 역시 과도한 스트레스에서 벗어나기 위해 칼을 잡는다. 유튜브를 틀어놓고 이것저것 만든다. 주로 초밥, 생선구이, 탕 같은 것 만들기를 좋아한다. 마파두부나 짬뽕을 만들며 신나 한다. 제법 먹을 만하게 만들어내지만 부엌이 너무 부산하다. 나는 슬그머니 비켜난다. 사실 부엌은 이렇게 가족 공동의 공간이 되어야 마땅하다. 엄마가 없으면 다 굶어 죽을 것인가. 엄마가 밥인가. 오랜만에 친구들을 만나면 밖에 나와서도 가족들의 끼니 걱정을 하는 친구들이 많다. 밥을 차려놓고 나오거나 배달음식을 시켜줘야 한다는 것이다. 엄마가 없으면 한끼 식사도 제대로 해결하기 어렵다는 것은 내게 너무 문제적으로 다가왔다. 그러면 안 되는 거 아닌가. 돈 버는 일이 남편의 일이 아닌 것처럼, 밥하는 일이 아내의 몫은 아니다. 그나마 이제는 학교에서 남학생들도 가사를 배우고, 요리를 즐기는 남성들이 더 많아지고 있는 것 같아 다행이다. 술자리의 남성들이 군대와 스포츠 얘기 대신 요리 얘기를 하는 것도 제법 달라진 모습이다.

아이들 입맛은 제각각이어서 맞추기도 어렵다. 둘째 아이는 제가 좋아하는 복숭아를 어느 계절에 먹을 수 있는 것이냐고 넌지시 묻는다. 한겨울에 복숭아 타령이다. 요거트와 치즈 같은 유제품도 무척 좋아한다. 낙농국가로 유학을 보낼까. 셋째 아이는 과일과 채소를 좋아한다. 성장기 어린이에게 필요한 단백질 걱정은 엄마의 것이다. 아이는 샐러드에 발사믹을 뿌려서 콕콕 찍어 먹으며 만족한다. 환경문제에 관심이 많은 첫째 아이는 육류를 엄청 좋아한다. 소를 사육하는 데 따른 토양과 대기 오염이 심각하다고 아무리 설명해도 그렇다. 넷째 아이는 그나마 먹는 일에 무관심하다. 아직도 떠먹여줘야 한다. 당근을 씹으며 토끼 흉내를 낸다.

밤늦게까지 원고 작업을 하다 새벽녘에나 잠이 들었는데 아이들이 일찍 일어나 눈뜨자마자 엄마, 오늘은 뭐 먹어? 물으면 심드렁하게 말한다. 몰라, 아무거나. 그래도 여전히 부엌을 들락거리며 냉장고 문을 열었다 닫았다 분주하다. 물 댈 일이 많은 내 손은 거칠고 거스러미가 일어나

까끌거리고, 지문이 닳아 휴대폰 인식도 잘 안된다. 슬슬 여기저기 관절 통증도 밀려오기 시작한다. 남편 손도 마찬가지여서 식기세척기를 장만했다.

    요즘은 집밥을 고집하지 않으려고 한다. 무엇보다 음식 중독의 상태에서 벗어나기 위해 애쓴다. 최대한 간소하게 먹을 것, 덜 조리해서 먹을 것, 적게 먹고 많이 움직일 것, 남기거나 버리지 말 것, 냉장고를 비워둘 것. 덜 소모적으로 살기 위해 그런 다짐들을 해본다. 그래도 여전히 계절이 지나고 날씨가 바뀌면 생각나는 제철 음식들이 있다. 내가 그렇게 자란 것이다. 사계절의 변화를 나는 음식으로 가늠한다. 원초적 감각으로서 음식에 대한 기호와 취향은 내가 글을 쓰는 데도 관여한다. 모티프나 비유로 작용하는 경우도 있고, 시공간에 대한 인식과 결부되어 문장 속에 스며들고는 한다. 먹는 것은 단순히 먹는 행위를 넘어 삶과 연결되는 중대한 문제다. 음식을 함께 나눠 먹는 일은 소통의 중요한 방법이고 관계를 맺는 일이다. 접시를 내밀 때 전달되는 것은 음식만이 아닐 것이다. 삶의 도저한 허무를 어쩔 것인가. 나는 원초적으로 답한다. 먹고 먹이면서.

3

옷은 내게 상대적으로 덜 중요하다. 신경 쓰지 않아서 그런지 옷이 만들어내는 문제는 더 힘겹다. 계절마다 장롱과 서랍장의 옷을 몽땅 꺼내 6인 가족의 옷을 정리하는 일이 골치가 아프다. 낡고 맞지 않는 옷 위주로 버리지만 멀쩡한 옷도 상당히 많이 버려졌다. 여기저기서 물려준 옷이 많아서 옷값을 줄이기는 했지만 이미 포화 상태인 옷장을 채우는 것보다 비우는 것이 절실했다.

얼마 전 중학교 다니는 큰아이가 크롭티를 사달라고 해서 깜짝 놀랐다. 교복을 입고 다녀서 옷을 살 일이 거의 없었다. 나는 좀 당황해서 얼른 인터넷 쇼핑으로 주문해주었다. 그런데 크롭티를 입고 어쩌려고? 그걸 입는 게 맞는 것일까? 왜 입고 싶을까? 생각이 많았지만 아무 말도 하지 않고 순순히 사주어서 스스로 다행이라 생각했다. 옷이나 헤어스타일 때문에 잔소리를 하고 싶지는 않았다. 친구들이 입으니 저도 입고 싶은 것이겠지. 그것 좀 입는다고 뭐가 어떻게 되겠어. '품행이 방정하다'는 말이 나는 성장하는 내내 웃겼다. 말이나 행동이 바르고 단정하다는 말인데 어른들은 그걸 입고 있는 옷이나 머리 스타일, 손발톱의 매무새로 판단했다. 속이 까지면 겉도 그런가. 겉이 까지면 속도 그런가. 글쎄, 멀쩡한 옷을 입고 공손하게 굴었지만 맹랑한 생각을 즐겼던 나로서는 속과 겉의 상관관계에 대해서 늘 의문이 들었던 것 같다. 내가 자랄 때 통이 넓은 바지가 유행이었는데 바짓단을 질질 끌고 다니면 어른들이 못마땅해 하던 게 기억난다. 어른들이 혀를 차든 말든 발목까지 올라오는 두툼한 워커를 신고 다니던 언니들을 동경했다.

어쨌든 옷을 입는 것도 중요한 생활 능력이자 커뮤니케이션의 방법이긴 해서 아이들에게 계절마다, 상황마다 적절한 옷 입는 법을 가르쳐야 한다. 청결과 위생뿐 아니라 스타일과 미감에 대해서도 알려줘야 한다. 저절로 되는 것이 하나도 없다. 아이들은 신발을 거꾸로 신기도 하고, 단추를 끼우고 지퍼를 올리는 것도 반복 연습해야 한다. 양말도 속옷도 자주 갈아줘야 하고 실내화와 점퍼에 이름을 써줘야 한다. 이런 세부들이 물론 대단한 것은 아니지만 세

세한 돌봄은 아내에게 미뤄둔 채 분위기 파악 못하고 버럭하는 남편들, 상황 무시하고 아무 때나 요즘은 정말 편해졌어 하는 어르신들, 엄마가 뭘 알아 하는 사춘기 아이들을 마주 대하면 화가 치민다. 싹 긁어모아 보자기에 싸서 한강에 내던져버리고 싶다. 저절로 되는 것이 없다는 것을 모르거나, 모르는 체하거나, 알고도 무시하는 인간들과는 별로 상종하고 싶지 않지만 그런 사람들을 다 빼면 한반도 인구가 절반 이하로 줄어들지도 모르겠다.

그러면 안 되기에 알려주고 가르쳐서 얼른 독립시켜야 한나. 눈앞에서 헛소리 못하도록 적절한 거리를 두어야 한다. 아직까지 혼자서는 옷을 잘 챙겨 입지 못하는 남성들, 다 커도 옷 찾아줘야 하는 아이들, 물정 모르고 입지도 못할 옷들을 쇼핑하는 사람들. 그건 아니다. 스스로 입고, 잘 벗어놓고, 세탁도 하고, 정리도 하기를. 사랑을 전제로 엄마를 부리지 말 것, 아내를 부리며 사랑이라 착각하지 말지어다. 이 세상에 청소부나 세탁부로 태어나지 않았음. 옷장 서랍에 포스트잇을 붙였다. 각자 알아서 찾아 입도록. 오늘 이상하게 입었네. 내일은 점점 나아질 거야. 하다보면 계절과 상황에 맞추어 적절히 옷을 입을 수 있을 거야. 사랑은 아무래도 물건처럼 주고받는 것은 아닌 것 같다. 호르몬이 폭주하던 시절의 감정만을 일컫는 것도 아닐 것이다. 이제 중년에 접어드니 사랑의 다른 정의가 필요하다. 곁을 내어주고 함께 살아가는 일. 인내심을 갖고 기다려주는 일. 별다른 기대 없이 받아들이는 일.

엄마는 내가 입었던 배냇저고리를 보여준 적이 있다. 보자기에 싸서 장롱 깊숙이 넣어두었던 것이다. 색이 바랜 갓난이의 옷을 오래 간직해왔던 엄마의 마음을 알 것도 같다. 나도 아장아장 걷는 아이에게 쪼그만 청바지를 입혀 외출하던 즐거움을 기억한다. 야구 모자를 씌워주고 운동장을 함께 뛰어다녔다. 폭신한 패딩을 입히고 눈밭에 함께 굴렀다. 벙어리장갑 속에서 꼬물거리던 손을 어떻게 잊을까. 그것이 옷의 기쁨과 행복이라면, 반대도 물론 있다. 애들도 화가 나면 옷을 내팽개칠 줄 안다. 한겨울에 겉옷을 잃어버리는 기이한 행각을 벌여 옷을 들고 학교로 뛰어갔던 적도 있다. 다 큰 아이가 팬티에 똥을 묻혀 혼자 울며 집으로 돌아온 일도 있다. 그러니 그러저러한 낙차 속에 엄마들은 기쁘기도 하고 애가 타기도 하고 '열폭'하기도 한다. 오늘도 짝을 잃은 양말들이 다 어느 구석에 숨었는지 버려야 할지 말아야 할지 결정을 못하고 뭉쳐놓는데 조그맣게 한숨이 새나온다. 양말 요정들이 꼭 하나씩 물고 가는 걸 보면 결국 요정들도 엄마 편은 아니다. 옷은 그저 피부를 가리는 천이 아니라서 엄마는 고달프다. 그게 그렇게 중요해? 묻는다면, 그럼 뭣이 중헌디 하고 되물을까. 더 크고 위대한 일을 하느라 양말짝 같은 건 신경 쓰지 않아도 되는 삶이란 어떤 것일까 상상해본다.

4

양말짝에 비할까. 엄마로서 더 큰 스트레스는 집이다. 살 곳. 이게 이렇게까지 문제가 되어야 하는 것인지 정말 모르겠다. 근데 엄청난 고민과 좌절감을 떠안긴다. 누구나 다 알고 있듯이 너무나 높은 집값 때문에 서울에 살면서 내집 마련은 쉽게 꿈꿀 수가 없다. 교육 정책만큼이나 부동산 정책도 매번 실패하는 걸 보면 이 땅에서는 가망이 없는가보다. 다들 입을 모아 한국은 교육, 집값, 시댁만 아니면 정말 살 만한 곳이라고 말한다. 고만고만한 아이들을 학교 근처 아파트에서 키우자니 자주 이사를 하게 되었다. 올라가는 전셋값 피로, 이사하는 번거로움에 더하여 아이들이 크면서부터 제 방을 각각 줄 수 없는 것도 곤란하다. 좁고 지저분한 방에서 서로 싸우기 일쑤다. 자기만의 공간이 필요한 것은 어른도, 아이도 마찬가지다.

    부동산과 주식 같은 투자의 기술은 일찍이 배우지 못했다. 땅을 투자의 대상으로 여기는 한국사회의 고질적 병폐도 문제지만, 자본주의사회 돈의 흐름과 투자의 의미, 자산 관리에 대해서 어린 시절부터 조금 더 적극적으로 교육해야 하는 것이 아닐까. 유교사회의 체면과 관습 때문일 것이다. 돈을 드러내놓고 좋아하는 것을 꺼리지만 속속들이 자본 위주의 시스템이 구축되었고 빈부격차도 극심하다. 혼자 글만 쓰면서 산다면 모를까, 아이들을 키우다보면 나 자신이 무능하다는 무력감이 밀려올 때가 많고 참담한 기분이 든다. 내가 그러지 못했으니 아이들만큼은 제대로 된

경제 교육을 받았으면 한다.

    내면적으로나 실질적으로나 집 없음은 글쓰기의 출발이 된다. 마음 붙일 곳도, 편히 몸 붙일 곳도 없으니 내 글은 언제나 이곳저곳을 떠도는 이의 것이다. 대다수가 그런가, 아닌가. 이제 서울에 아파트를 사는 일은 어려울 것 같다. 아이들의 학령기가 지나면 내가 살고 싶은 중소도시로 옮겨 가고 싶다. 강원도 어디쯤이 될 것 같다. 여름이면 시원하고 겨울에는 눈이 엄청나게 내리는 평창 같은 데가 좋겠다. 마음이 편해지는 언덕에 조그만 집을 짓고 바람과 눈비와 빗하며 지낼까. 물소리 새소리 들으면 해답 없는 삶에 위로가 되지 않을까(고백건대 결혼하지 않고 아이를 낳지 않고 내가 하고 싶은 일만 하고 살았다면 내 삶은 더 평온하고 안락했을 것이라는 생각을 떨치기 어렵다. 그런 생각은 불행감과 억울함을 느끼게 하고, 다른 한편으로는 생각만으로 죄책감을 떠안긴다). 그렇게 말하면 지인들이 철없다고 말한다. 몇달 못 버티고 서울로 돌아올 것이라고 비아냥거린다. 내가 생각하는 것은 귀농 같은 게 아니다. 그냥 덜 소란스럽게 지내보자는 것이다. 대도시의 오염과 소음은 진력이 난다. 소비를 부추기는 요란한 환경에서 좀 벗어나고 싶다. 미치지 않기 위해 주말에는 강원도에 간다. 월정사 자작나무 숲길을 걷고, 양떼 목장에 가서 아이들이 먹이를 주는 동안 푸른 언덕을 본다. 동해 쪽으로 넘어가 해변에 하염없이 앉아 있고는 한다. 한겨울에도 아이들은 밀려오는 파도에 발을 적시며 철벅거린다. 코가 발개져서도 오징어 먹물 아이스크림을 먹는다.

5

 당장에라도 아이들을 대관령초등학교로 전학시키고 싶지만 나이 드신 부모님 곁을 조금 더 지켜드리기로 마음먹었다. 그나마 딸로서 부모님 집 근처에 살 수 있다는 것은 엄청난 운이다. 엄마됨의 상당 부분은 아이들과의 관계에서 생각할 수 있지만 다른 한편으로는 아픈 엄마 곁에서 지내면서 매번 다시 생각하게 된다.
 요즘은 더 자주, 엄마의 시간들에 대해 생각한다. 나

는 일찍이 딸이었다. 딸아이를 키우며 엄마로서의 나에 대해 생각하고, 딸이었던 내가 엄마와 함께했던 시간들을 떠올려본다. 엄마 노릇도 힘들지만 여전히 자식 노릇도 쉽지 않아서 할머니와 손녀들이 맺는 특별한 관계를 유심히 들여다본다. 그들이 맺는 사랑은 정말 특별하다. 대가도 바람도 없는 이상함이 있다. 대부분의 딸들은 얼마간 엄마가 밉고 원망스럽다. 또 대부분의 엄마들은 딸들에게 서운하고 아쉽다. 사랑과 원망, 연민과 분노를 오가며 덜그럭거리기 일쑤다. 뭐 그렇지 않다면 다행스러운 일이지만. 그런데 할머니들은 손녀들에게 그렇지가 않고 진폭직이다. 딸의 딸이기 때문에 기껍다. 손녀들도 할머니를 미워할 수가 없다. 엄마의 엄마이기 때문에 절대적이다.

> 내가 잠이 들면 내 흉곽을 활짝 열고 머리가 헝클어진 할머니가 기어 나온다 늙을수록 잘 먹어야지 냉동실 속의 닭을 꺼내 껍질을 벗기고 기름을 떼고 찹쌀과 인삼과 대추와 표고버섯을 넣고 닭죽을 끓인다 하얀 찹쌀이 퍼질 때까지 할머니는 자는 나를 들여다본다 이

것은 잘 때도 인상을 쓰고 자는구나 내 미간의 주름을 손가락으로 문질러 본다 이것은 수명이 나보다 길겠네 내 길어져 가는 인중을 신기한 듯 들여다본다 내가 입맛을 다시며 자는 동안 할머니는 칠이 벗겨진 소반 앞에 앉아 닭 한 마리를 다 발라 먹는다 흰 뼈들을 속주머니에 다 챙기고는 생각난 듯 현관 앞으로 달려가 신발을 발에 꿰어 본다 이것은 아직도 발이 작군, 작아! 화가 난 듯 내 신발을 팽개치고는 다시 서랍을 열 듯 내 몸을 열고 냉큼 들어간다 그릇에 기름기는 다 어쨌는지 가스불은 제대로 잠궜는지 희한하게도 아침이면 아무 흔적이 없다 맞는 신발이 없어 할머니는 죽고 난 뒤 한 번도 내 몸을 멀리 떠나 본 적이 없다

—문성해 「유전」 전문, 『시인수첩』 2019년 가을호.

  이 시가 오래 기억에 남았다. 나는 할머니에 대한 기억이 거의 없는데 왜 그랬을까. 이 시에서 할머니는 각별함을 가진 존재이다. 엄마와 딸과는 좀 다른 것 같다. 이 다름은 내가 겪고 있는, 해결되지 않는 감정을 다시 생각하게

만든다. 내가 엄마에 대해 겪는 곤란을, 딸을 키우며 겪는 어려움을 나 혼자 다 짊어지기가 매우 어렵다. 한 세대를 건너 서로 애정하고 통할 수 있다는 가능성을 가만히 지켜보며 그래도 이 관계들이 괜찮지 않을까 마음을 다스려보는 것이다. 엄마는 우리가 가질 수 있었던 유일한 집 같은 것이고, 그 존재를 품었던 또 다른 집이 있었다는 사실은 기적이라 할 만하다.

'유전'은 부모의 형질이 자손에게 전해지는 것을 말하지만 DNA의 일치 정도와 그 발현 양상만으로 우리의 닮음을 설명하기는 어려울 것이다. 함께 보낸 일상의 시간늘을 내면 깊숙이 끌어안고 있는 사람들은 닮아 있다. 삶의 호흡과 숨결까지도 닮아 있는 사람들, 죽어서도 지워지지 않고 들락거리는 존재들의 흔적 때문에 인간은 미욱한 자신을 끌어안을 수 있는지도 모르겠다. 글을 쓰는 나는 혼자 있고 싶지만 할머니와 딸들이 더 오랜 시간 함께하기를 바란다.

2부

명랑하게 무심하게
때로는 절실하게

한겨울 냉면의 쨍한 맛

나는 약간 대인기피증이 있다. 꼭 필요한 약속이 아니면 좀처럼 밖에 나가 사람을 만나지 않는다. 전화 통화도 용건만 산난이 말하는 편이다. 수다를 떨거나 길게 말을 늘어놓는 재주가 내게는 없다. 그래서 누군가에게 안부 전화를 하는 일도 거의 없고 누군가의 전화를 받으면 꽤 긴장한다. 황인숙 선생님은 종종 문단 모임에서 뵀지만 사적으로 만날 일은 없었다. 그런데 어느 날 저녁 갑자기 냉면을 먹으러 가자고 하셨다(내 산문집 『아주 작은 인간들이 말할 때』마음산책 2020 에 수록된 글 중에 냉면 얘기가 있는데 그걸 읽으셨던 것 같다). 네네, 선생님. 그럼요. 좋아요. 약속 날짜가 다가오니 걱정 반 호기심 반. 질긴 면을 오물거리며 무슨 얘기를 해야 하나 걱정이 되기도 하고, 한겨울에 먹는 냉면의 쨍한 맛이 기대가 되기도 했다. 코로나바이러스의 유행으로 거의 집에만 있었는데 오랜만의 외출이었다.

    선생님은 용산동에 거주하신다. 이태원 지나 숙대 방향으로 가는 어디쯤이다. 내 기억으로는 어릴 적 가봤던 해방촌 언덕길과 매우 가까운 것 같다. 선생님을 만나러 가는 길은 향수를 불러일으키기에 충분했다. 위장병이 난 엄마와 성장통을 앓고 있던 나는 해방촌으로 치료를 받으러 다녔다. 정식 의사가 치료하는 곳이 아니었다. 일반 가정집에서 머리가 새하얗게 새고, 눈에서 광채가 나는 아저씨가 가만히 아픈 곳을 짚어주었다. 가끔씩은 알 수 없는 말을 중얼거리기도 했으니 노골적으로 말하자면 '야메'다. 우리는 그냥 해방촌 진료소라고 불렀다. 지금 같으면 왜 그런 치료를 받으러 다니시냐고 부모님을 말렸을 테지만 어릴 때는 즐거운 소풍 가듯이 따라다녔다. 동네를 벗어나는 드문 외출이 싫지 않았던 듯하다. 무엇보다 치료사가 풍기는 놀라운 위압 같은 것이 있었다. 어느 날 용기를 내어 그에게 뭔가를 조심스럽게 물었는데 어린애가 묻는 말이어서 순순히 대답해주었던 것 같다. 그 말은 믿을 만한 것은 아니었지만 지금의 판단과 그때의 생각은 같지 않았다. 해방촌 치료사는 젊은 시절 사우디아라비아 건설 현장에 외국인 노동자로 나가서 일을 했는데 어느 날엔가 낮잠을 자다가 문득 계시 같은 것을 받았다고 했다. 하얀 빛이 다가왔다고도 했다. 그때 이후로 아프거나 다친 동료들을 위해 기도하면 이상한 일이 벌어졌다는 것이다. 씻은 듯이 병이 나았다는 것은 과장이었겠지만 몸이 아픈 사람들이 줄을 서는 바람에 더이상 힘겨운 육체노동을 하지 않아도 되었다고 한다. 그래서 귀국하여 본격적으로 치료와 기도를 본업으로 삼게 된 것이다. 너무 열심히 해서 중년(어린 내 눈에는 분명 삼촌 정도로 보였다)에 눈썹까지 하얗게 새버린, 눈동자가 청회색에 가까운 치료사를 마주 대하면 아픈 곳이 정말 나을 것만 같은 신비감에 휩싸였다. 나는 중동의 사막과 강렬한 햇빛이 한 사람의 인생을 탈바꿈시켜버린 것에 무한한 두려움과 호기심을 갖고 그렇게 수개월간 치료를 받으러 다녔다. 치료사 덕분인지 즐거운 외출 덕분인지 아니면 시간이 약이었던 것인지 엄마도 나도 자연스럽게 나았다.

그래서인지 해방촌이라는 동네와 사람들은 어딘가 좀 신비한 데가 있다는 막연한 생각을 품게 된 것이다. 그래, 그 동네란 말이지. 내가 사모했던 해방촌 치료사를 만나러 다니던 바로 그 길. 용산 재개발을 둘러싼 여러 뉴스로 주목받는 곳답게 구불거리는 언덕길이며, 오래된 집들이며 정겨웠다. 어릴 적 내가 살던 곳들도 딱 그런 모습이었다. 향수에 젖어 마음이 말랑거렸다. 처음의 걱정과는 다르게 가슴이 설레었다. 약간 멀미 같은 게 나기도 했다. 이곳이 개발되면 사람들은 또 어쩌나. 개발의 호황을 골고루 나눠가질 수 있진 않을 것이다. 살던 집을 갑작스럽게 떠나야 하는 사람들의 주거 문제는 어떻게 해결해가야 하는 것일까. 도심을 떠나는 것(정확히는 도심에서 밀려나는 것)만이 답은 아닐 것인데…… 이런저런 생각을 하다가 집 앞에 이르렀다.

    황인숙 선생님은 외출 준비를 하던 중에 걸려 온 전화를 급히 끊고 댁에서 나오셨다. 늘 그렇듯이 짐이 많았다. 길고양이들 줄 밥과 간식, 물통이 한 보따리였다. 내게 줄 선물까지 챙겨오셨다(와인과 로션이라니 향긋한 선물이다!). 선생님의 트레이드마크인 꼬불거리는 긴 머리칼도 여전하셨다. 반갑게 인사를 나누며 용두시장 골목길 안쪽의 밥집으로 갔다. 마침 그 밥집에 길고양이가 들어앉아 있어서 닭고기 간식을 주며 냉면을 기다렸다. 지붕이 낮고 바닥이 울퉁불퉁한 함바집이었다. 인근 노동자들이 백반을 먹으러 오는 점심시간이었다. 냉면은 양이 엄청났다. 새콤하니 집에서 만든 것처럼 정겨운 맛이었다. 오랜만이라 기쁘게 먹었지만 워낙에 양이 많아 남길 수밖에 없었다. 육체노동을 하지 않는 나로서는 그릇을 비울 상상도 하지 못할 양이었다. 냉면을 드시던 황인숙 선생님이 나도 소식을 해야 하는데,라고 조그맣게 중얼거리셔서 좀 미안한 기분이 들었다. 다음번에는 근화씨가 말한 골목냉면집에 가자. 대인기피증이 있는 편이지만 이 정도면 괜찮은 삶 같다. 일년에 한두번쯤 선생님을 만나 냉면 먹으러 가기. 건강히 지내주세요. 최정례 선생님이 돌아가신 지 얼마 되지 않았다. 아직도 실감이 나지 않는다. 그래서 슬픈 줄도 모르겠다. 냉면 먹으러 낯선 동네까지 찾아갔다가 우연히 길에서 만나 함께 차를 마시며 수다를 떨었는데…… 안산까지 함께 가서 강연은 적당히 하고 선생님과 신나게 밥을 먹었는데…… 도대체 어떻게 애도를 해야 할지 모르겠다.

황인숙 선생님이 자주 가신다는 갈월동 카페 '아나키브로스'에 갔다. 남영동 동사무소 뒷길에 있는 카페였는데 한옥집을 개조해 만들어서 카페 안에 조그만 마당이 있었다. 일본식 중정이라 불리는 구조인가 보다. 실내 인테리어도 특별한 데가 있었다. 선생님 산문집 『좋은 일이 아주 없는 건 아니잖아』 달 2020 에 등장하는, 청년 둘이 운영하는 바로 그 집인 것 같았다. 커피와 민트차를 앞에 두고 이런저런 이야기를 나누었다. 눈발이 흩날리는 추운 날씨여서 실내가 조금 서늘했다. 탁자 아래 난로를 켜두고 손님이 드문 카페에 앉아 있는 기분이 썩 괜찮았다. 아메리카노 잔에 달린 손잡이의 비효율성을 늘어놓는 시답지 않은 대화에도 킥킥거리다가 쌍둥이 막내들 하원할 시간이 되어 서둘러 와야 했다. 아쉬웠다. 이래서 나는 외출을 하지 않는 편이다. 시간이 되면 무 자르듯 대화를 끊고 분위기를 깨고 택시를 잡아타고 집으로 와야 한다. 웃는 얼굴로 아이들을 맞이해야 한다. 신데렐라의 시계를 언제쯤 깨버릴 수 있을까.

함께 만나는 사람에게도 미안한 일이지만, 그러고 오면 좀처럼 웃을 수가 없다. 마음이 한없이 딴 데 가 있고.

황인숙 선생님과 헤어져 돌아오는 길에 선생님의 시 「번아웃」『아무 날이나 저녁때』, 현대문학 2019 을 떠올렸다. 선인장을 들여다보며 "쉽지 않구나" 하고 읊조리는 그 시를. 선인장은 정말이지 쉽지 않다. 과습으로 죽기 일쑤다. 꽃을 보기도 어렵다. 차라리 내버려두면 좋을 텐데 무관심하기가 얼마나 어렵단 말인가. 선인장을 맡기고 떠난 이웃집 아주머니와의 사연은 산문집에 나와 있는데 이웃을 위해 무리하시는 선생님 때문에 걱정하며 읽은 글이다. 딸의 산후조리를 위해 뉴질랜드로 떠나신 병약한 아주머니 대신에 원고 마감을 앞둔 채 무거운 짐을 옮기고, 밤새 손가락에 물집이 잡히도록 대추씨를 발라내고, 마늘과 알밤을 까는 선생님. 원고가 문제가 아니라 선생님 병이 나실까 두렵습니다. 황인숙 선생님은 명랑이, 란이, 보꼬라는 고양이들과 함께 산다. 길고양이들의 엄마로서 밥과 물을 챙기면서 말이다. 고양이들을 챙기다 추운 겨울 빙판길에 넘어져서 목발을 짚으신 적도 있으나 말려도 소용없는 일이란 걸 누구나 다

안다. 본인의 시상식 축하 자리도 간단히 끝내고, 고양이 밥을 챙겨 서둘러 나가셨는데 선생님이 그때 나직하게 중얼거리신 말씀을 잊지 못한다. 여기는 음식이 참 좋네. 우리 고양이들도 배불리 먹을 수 있겠다. 냉면집에서 카페 아나키브로스로 옮기기 전에도 남산도서관 길고양이들에게 밥 주는 것을 잊지 않으셨다. 남산도서관 건물 뒤 주차장 쪽에 길고양이를 위한 은신처가 따로 있었다. 고양이들의 모습은 보이지 않았다. 지난번 준 밥의 양이 줄지 않아 선생님의 걱정은 이만저만이 아니었다. 새 사료로 갈아주고 따뜻한 물을 부어주고 뒤돌아서는 발걸음이 무거우신 듯했다. 딱한 존재들의 배곯이를 걱정하시는 게 선생님의 마음이다. 언젠가 약속 시간에 늦게 나타나신 선생님의 손에는 도넛이 들려 있었다. 뜨끈뜨끈해야 맛이 있어서 택시를 타고 왔는데 먹어봐, 하셨다. 그때 선생님이 낭송하신 작품은 비 오는 날에 관한 시였는데 마음이 다 촉촉해지는 가늘고 차분한 목소리였다. 시 낭송을 듣고 기름지고 달달한 도넛을 입에 물었다.

지방 국도를 따라가다 보면 팻말을 들고 서서 옥수수

나 커피를 판매하는 사람들의 모습을 흔히 접하게 된다. 볕이 뜨거워도 바람이 강해도 눈이 오나 비가 오나 이들의 노점 판매는 계속 이어진다. 차량 정체에 따른 매연이 심할 것이지만 모자와 마스크를 둘러쓰고 아랑곳하지 않는다. 어쩌면 정체야말로 이들의 호황일 것이다. 옥수수나 찐빵, 커피와 물 등을 파는 사람들을 더듬어보는 조심스러운 눈길은 시인의 것이다. 그렇게 우리 삶은 '슬픔의 레미콘'을 돌리는 거라고 말하는 시인. 황인숙 「슬픔의 레미콘」, 『아무 날이나 저녁 때』, 현대문학 2019 나도 예전에 국도변의 모습을 시로 쓴 적이 있다.

도로 위에서 냉커피를 파는 사람은

강냉이도 팔고 꽈배기도 판다

구구단을 잘하지만 모두 천 원씩에 판다

창문을 내리는 사람들도

칠단 팔단 구단까지 하는 사람들이

시원한 음료수나 단것들을

모두 천 원씩에 사 먹는다

마스크 너머에 모자 속에 얼굴들은
눈이 두 개 입이 하나 코가 하나
그들의 손에 내 손을 잠시 겹쳤다 풀어놓는다
약속이나 한 것처럼

청평은 물이 맑으니까 서울에서 가까우니까
삼촌의 예쁜 애인들이 참외나 수박을 내놓으니까
간다
차가운 계곡물에 발목이 들락날락하고
바위를 밟았다 이끼를 밟았다 할 것이다

어디선가 베어낸 구름이 빠른 속도로 자라났다
비가 올까 비가 올지도 몰라
파라솔이 있을까 알록달록할까
계곡물이 불어 무릎까지 허벅지까지 오를까
오를지도 몰라

한겨울 냉면의 쨍한 맛

> 우리를 휩쓸고 계곡물은 즐거울까
>
> 오천 원짜리 검정 튜브를 타고
>
> 우리는 더 많은 대화를 나눌 것이다
>
> 검은 소가 흰 소가 될 때까지 노래를 부르면서
>
> 우리는 청평에 갈 수가 있다
>
> ─이근화 「청평 가는 법」 전문, 『우리들의 진화』,
> 문학과지성사 2009.

「청평 가는 법」은 어려서 쓴 시라 지금보다 냉랭하게 썼던 것 같다. 주말마다 도시 외곽으로 바람을 쐬러 드라이브 가는 사람들 틈에 껴서 우리 삶의 평범한 풍경들을 무심하게 그려보고 싶었다. 길과 구름은 아마도 삶에 대한 가장 흔한 비유인지도 모르겠다. 당장에 내일의 날씨를 몰라도, 예기치 않은 사건사고가 닥쳐도 삶은 지속되는 것이기에.

언젠가 가구와 세간살이 때문에 아슬아슬했던 도배를 마치고 나서 황인숙 선생님은 생각하셨단다. 당신이란 사람이 참 많은 사람의 선의를 입으며 살고 있다고. 몸살이 나도록 집을 정리하고 나서 얻은 깨달음이었다고. 나는 그런 해석을 할 줄 아는 사람이 매우 드물다는 것을 안다. 부족한 것, 모자란 것을 먼저 보고 매달리는 것이 평범한 사람들이다. 남을 탓하고 자신을 옹호하는 것이 보통의 사람들이다. 부끄럽지만 나도 그렇고. 황인숙 선생님은 결핍 속에서 충만함을, 노여움 속에서 감사의 마음을 찾을 줄 아시는 분이다. 쉽게 그 경지를 넘볼 수가 없다. 선생님이 아프실 때 몇번 전화를 걸었는데, 계속 자동 응답기가 받았다. 아무 말도 남기지 못하고 끊기를 반복했는데 그러지 말 걸 그랬다. 기계에 대고서라도 말을 남겼다면 좋았을 것 같다. 그래도 잘 회복하셔서 함께 냉면을 먹으러 갈 수 있으니 얼마나 다행이란 말인가.

*

간밤에는 과자를 찾아 취재 여행 같은 걸 다니는 꿈을 꾸었다. 이국의 도시 골목길을 헤매며 무슨 과자인가를 열심히 찾아다녔다. 간판도 사람들도 모두 낯설었다. 어느 건물엔가 들어갔는데 안쪽에 커다란 수영장이 있었다. 과자를 찾다 말고 물속에 둥둥 떠서 즐거웠다. 드디어 과자를 찾은 기분이 들었다. 일행에게 이 반가운 소식을 알리기 위해 건물 밖으로 나왔는데 바깥은 한겨울이었다. 폭설이 내렸고 나무도 길도 파묻혔다. 눈밭을 헤치며 과자를 찾았어요, 외치는 꿈. 이 무슨 말도 안 되는 꿈인가 싶다. 내 마음결이 만들어낸 환상이라 생각하니 우습고 어이없다. 요즘은 빅 데이터란 것이 있어서 내가 검색한 단어들, 쇼핑한 목록들을 분식해서 주기적으로 맞춤 광고를 보내준다. 이런 게 필요하시죠? 사고 싶을걸요? 이런 목소리가 들려온다. 무서운 세상이다. 우유가 필요할 때, 낫토가 절실할 때 정말 그런 광고 문자가 날아온다. 빅 데이터가 아무리 정확히 내 삶의 패턴과 소비 성향을 분석해도 내 꿈은 어쩌지 못할 것 같다. 얽히고설킨 내 욕망은, 날 괴롭히는 열패감은 잘 모를 것이다. 그래서 세상엔 선생님들이 존재한다. 한겨울 눈밭을 헤매는 내게 손을 내밀어 충만한 감사의 마음을 일깨워주신다. 그래서일까. 내게 냉면은 더없이 따스

하고 다정한 음식이다. 먼저 살아내신 분들의 목소리를 적당한 거리에서 들을 수 있어 다행이다.

내 친구 풋풋은 집에 없다

1

『설그러시 2』 페넬로페 바지외 지음, 권수연 옮김, 문학동네 2018(전 2권)는 '삶을 개척해나간 여자들'이라는 부제가 붙어 있는 만화책이다. 만화책을 좋아하는 열세살 딸에게 주려고 샀다. 여성들의 다양한 삶의 모습을 들여다볼 기회를 주고 싶었다. 딸에게 선물하기 전에 내가 먼저 읽게 되었는데 자기 삶의 주인이 되기 위해 분투한 여성들의 고단한 삶이 펼쳐져 있었다. 나도 잘 몰랐던 반할 만한 '걸'들이 많았다. 그중에 섀그스 Shaggs 라는 조금 이상한 밴드도 알게 되었다.

섀그스는 위긴 Wiggin 가의 자매들로 구성된 미국의 록

밴드이다. 세 딸들은 아버지의 강요에 의해 록밴드를 결성해 1968년부터 1975년까지 활동했다. 주로 클럽의 무대에서는 일이었다. 노래나 연주 실력이 출중하다고는 절대 말할 수 없었다. 사람들의 비웃음과 조롱에도 굴하지 않는 그들의 활동은 강제적인 것에 가까웠다. 아버지가 심장마비로 급작스럽게 죽자 딸들은 밴드를 해체하고 각자의 삶으로 돌아갔다(자매 중 도트는 2013년 홀로 재기하여 솔로 앨범을 냈다). 그들은 열두곡이 들어 있는 'Philosophy of the World' 1969라는 앨범 한장만 남겼다. 그런데 사람들의 관심은 계속되었다. 공식 홈페이지가 생겼고 밴드에 대한 간단한 소개와 앨범 목록을 확인할 수 있다. 노래는 유튜브를 통해 쉽게 찾아 들을 수 있다. 필름에 녹화된 공연 모습을 볼 수도 있다. 이들의 노래를 듣고 있자면 기분이 조금 묘해진다. 그때나 지금이나 섀그스의 음악은 낯선 느낌을 준다. 오래된 새로움이라고 해야 할까. 아마추어들의 노래처럼 들리지만 오히려 바로 그 생경함과 날것 그대로의 매력이 살아 있기도 하다. 전문가들이 말하기를 이들의 노래는 리듬과 박자가 맞지 않고, 악기 튜닝도 되어 있지 않는

등 음악 전체가 불규칙하고 기괴하다는 것이다. 나중에야 입소문을 타고 음반이 다시 발매되었을 때 『롤링스톤』지는 '전두엽 절제술 받은 트랩 가족* 같다'는 의견을 내놓았다고 한다. 그들의 노래를 듣고 '정상적으로' 편곡해 부르는 사람들도 있었다고 한다. 이쯤 되면 자매의 아버지가 굳게 믿고 따른 예언(자매의 할머니는 손녀들이 음악으로 성공할 것이라는 예언을 남겼다)은 역설적인 의미로나마 실현된 것이 아닐까. 학교생활과 연애의 자유를 금지당한 채 연습만 반복하던 자매들의 성과였다.

새그스의 불협화음은 전문적인 음악 교육을 받지 않은 것에서 기인했다. 그런데 이 불협화음은 강력하게 감성을 '긁어댄다'. 일면 거칠고 딱딱하고 시끄럽게 들리지만 단조롭고 무심한 외침에는 나름의 호소력이 있다. 아버지의 뜻에 따라 연습실에 갇혀 음악 활동을 시작한 딸들의 무지함과 순수함에 경의를 표하고 싶은 마음이 들기도 한다. 관

---

* 트랩 가족은 오스트리아의 해군 대령 게오르크 폰 트랩과 아내 마리아, 그들의 자녀인 10남매로 이루어진 가족 합창단이다. 나치를 피해 미국으로 망명하여 순회공연을 하며 유명해진 이들의 이야기는 뮤지컬 영화 「사운드 오브 뮤직」으로 제작되어 큰 사랑을 받았다.

객의 웃음거리가 되면서도 밴드 활동을 지속하는 동안 딸들은 상처받고 부끄러웠을까. 조금 그랬겠지. 아마도 그랬을 것이다. 아무렇지 않을 수는 없었을 것이다. 의심과 회의가 반복되는 날들이었을지도 모르겠다. 그런데 사람들이 완벽하고 훌륭하고 아름다운 것만 좋아하진 않는다. 다소 어설프고 부족하고 이상한 것도 상당히 좋아한다. 즐기기에 좋은 것들은 한정되어 있지 않다. 가수 비의 노래 「깡」이 발매 초기 혹평을 받다가 후일 재조명되어 '일일일깡' 열풍을 일으킨 일만 봐도 그렇다. 촌스럽고 우스운 것들도 트렌드가 되면 폭발적인 수요를 만들어낸다.

    밴드가 해체되고 나서 한참 후에 프랭크 자파나 커트 코베인이 그들 음악의 순수함과 직관을 좋게 평가했다고 전해지며, 그들의 초기 음반이 경매장에서 고가로 거래되었다고 한다. 그들 자신은 젊은 시절의 반강제적인 음악 활동을 어떻게 기억하고 있을까. 노래 가사를 찾아 듣다보니 더 흥미로워졌다. 나처럼 섀그스의 오랜 음악에 관심을 보이는 이들이 끊이지 않는다는 사실을 위긴 자매들도 알고 있을 것이다. 적막한 소도시에 울리던 불완전한 음악이 오십여년이 지난 뒤에도 인종과 국경의 벽을 넘어 누군가의 귀에 꽂힌다는 점에서 그들의 목소리는 여전히 '살아 있'다. 물론 그들이 밴드 해체를 쉽게 결정했을 때는 상상도 하지 못할 일이었을 것이다.

> 오, 부자들은 가난한 사람들이 가진 것을 원한다
> 그리고 가난한 사람들은 부자들이 가진 것을 원한다
> 그리고 마른 사람들은 뚱뚱한 사람들이 가진 것을 원한다
> 그리고 뚱뚱한 사람들은 마른 사람들이 가진 것을 원한다
>
> 넌 이 세상 누구도 기쁘게 할 수 없어
>
> 키 작은 사람들은 키 큰 사람들이 가진 것을 원한다
> 그리고 키 큰 사람들은 키 작은 사람들이 가진 것을 원한다
> 작은 아이들은 큰 아이들이 가진 것을 원한다

그리고 큰 아이들은 작은 아이들이 가진 것을 원한다

넌 이 세상 누구도 기쁘게 할 수 없어

오, 짧은 머리의 소녀들은 긴 머리를 원한다
그리고 긴 머리의 소녀들은 짧은 머리를 원한다
오, 차를 가진 소년들은 오토바이를 원한다
그리고 오토바이를 탄 소년들은 차를 원한다

넌 이 세상 누구도 기쁘게 할 수 없어

네가 뭘 하든 상관없다
무슨 말을 하든 상관없다
항상 있을 것이다
반대로 하기를 원하는 사람은

네가 어디를 가든 상관없다
누구를 보든 상관없다

항상 있을 것이다

동의하지 않는 사람은

우리는 최선을 다한다

우리는 비위를 맞추려고 노력한다

하지만 우린 다른 사람들과 같아

우린 결코 안심할 수 없어

오, 부자들은 가난한 사람들이 가진 것을 원한다

그리고 가난한 사람들은 부자들이 가진 것을 원한다

그리고 마른 사람들은 뚱뚱한 사람들이 가진 것을 원한다

그리고 뚱뚱한 사람들은 마른 사람들이 가진 것을 원한다

넌 이 세상 누구도 기쁘게 할 수 없어

섀그스의 노래 「Philosophy Of The World」의 가사는

매우 단순하고 반복적이다. 게다가 얼마간 시적이다. 서로 다른 것을 원하고, 서로를 만족시킬 수 없다는 것. 반대로 하기를 원하고, 나에게 동의하지 않는 사람들이 항상 존재하는 세상에 우리 모두는 살고 있다. 그렇다고 노력하지 않는 것은 아니다. 최선을 다해 무엇인가를 하고, 맞추려고 노력하며 지낸다. "넌 이 세상 누구도 기쁘게 할 수 없어"가 후렴구로 반복된다. "하지만 우린 다른 사람들과 같아". 절망과 비애에 함몰되지 않는 순진무구한 발견이 있다. 단절과 불가능성을 뚫고 솟아나는 한 줄기 희망 같은 것이 느껴진다고 해야 할까. 세계에 대한 단순한 철학을 단조롭게 불러대는 자매들 덕분에 기분이 유쾌해진다. 청춘의 자유를 반납한 채 엄격한 아버지 밑에서 연습실 생활을 하던 자매들은 부족한 실력에도 불구하고 그들이 할 수 있는 것을 찾아냈던 게 아닐까. 세련되지는 않지만 그들의 목소리는 무엇인가에 몰두해 있고, 그것은 어떤 끌림을 불러일으킨다. 노래 「My Pal Foot Foot」의 가사는 더 재밌다.

내 친구의 이름은 풋풋(풋풋풋)

내 친구 풋풋은 집에 없다

그는 항상 돌아다니는 것을 좋아해

내 친구의 이름은 풋풋(풋풋풋)

집에서는 그를 절대 찾을 수 없어

나는 그의 집에 간다

그의 문을 두드려

사람들이 나와서 말한다

풋풋은 더이상 여기에 살지 않아

내 친구 풋풋(풋풋풋)

항상 돌아다니는 것을 좋아해

내 친구 풋풋(풋풋풋)

이제 그는 집이 없어

풋풋은 어디로 갈까

풋풋은 무엇을 할까

오, 풋풋

너를 찾을 수 있으면 좋겠어

여기도 봤고, 저기도 봤고

모든 곳을 살펴봤어

오, 풋풋

왜 너를 찾을 수 없는 걸까?

풋풋, 어디 있어?

풋풋, 왜 대답 안 해?

풋풋, 오 풋풋

어디에 있든

네가 나와 함께 집에 갔으면 좋겠어

나는 돌아다닐 시간이 없어

난 해야 할 일이 있어

나는 집에 가야 해

풋풋, 어디야?

풋풋이 그렇게 돌아다니는 걸 좋아하지 않았다면

그는 여전히 살 곳이 있었을 텐데

풋풋, 대답해줘

난 네가 어디 있는지 알아

넌 저 나무 뒤에 있어

풋풋, 제발 내게로 와줘

풋풋, 네가 여기 있으니

집에 오지 않을래?

풋풋, 약속해줘

다시는 방황하지 않겠다고

 내 친구 풋풋은 집에 없다. 돌아다니는 것을 좋아해 늘 떠돈다. 언젠가는 방황을 마치고 집으로 돌아올 것인가. 글쎄다. 잘 모르겠다. 노래는 친구와 함께하고 싶은 간절한 바람을 드러낸다. 친구가 오랜 방황과 떠돌이 생활을 그만두고 집에 돌아와 안착하기를 기다린다. 그 집은 바로 내가 있는 곳이다. 제발 내게로 와줘, 그 말이 하고 싶었던 것이리라. 풋풋의 이름이 풋풋인 것은 어쩌면 숙명적인 떠돌이라는 의미를 담기 때문이고, 그래서 풋풋은 영원히 돌아오지 않을지도 모르겠다. 해야 할 일이 있고, 집이 있는 나와는 다르다. 그 다름 위에서 풋풋을 반복하여 부르는 일은 절망 속에서 기다림을 외치는 일처럼 느껴진다.

풋풋은 자매들이 기르던 집 나간 고양이라고 전해진다. 많은 사람들은 풋풋을 따라 부르며 그들 삶의 이별과 회한을 떠올릴 것이다. 일상과 평범한 경험을 담은 자매들의 노래에는 그렇게 보편적인 울림 같은 것들이 있다. 앨범 재킷 뒷면에 아버지는 "바깥바람에 물들지 않은" 자매들의 순수한 음악이 "진짜이다"라고 썼다는데 방송국들의 무관심과 지친 딸들의 반항조차 아랑곳하지 않은 소신 있는 발언이었다. 이 막무가내의 음악 사랑을 무엇이라고 해야 할까. 부족한 실력으로 서둘러 낸 음반이지만 많은 사람들이 섀그스의 노래를 따라 부르며 자유와 해방감을 느끼는 것처럼 보인다. 전문가처럼 세련되지 않아도 좋다. 정돈되지 않은 울퉁불퉁함 그대로 괜찮다. 우리 시대에는 전문가의 진실함도 필요하지만 더 절실한 것은 아마추어들의 행복과 자유가 아닐까. 2021년의 봄에 섀그스 언니들이 내게 가르쳐준 것.

2

　때로 '걸크러시'의 '크러시' crush 는 '크래쉬' crash 로 읽힌다. 도적왕으로 소개되는 인도 여성 풀란 데비 Phoolan Devi 의 38년간의 짧은 생애를 읽어가는 일은 고통과 충격의 연속이었다. 풀란은 카스트 계급에도 속하지 못하는 최하층 불가촉천민 말라로 태어났다. 전통이라는 명목 하에 이루어진 열살 여자아이의 조혼과 그에 잇따른 강간과 학대는 도를 넘어선 것이었다. 부모와 이웃들조차 묵인하는 폭력이었다. 심신이 병든 채 남편에게서 도망친 풀란이 더이상의 복종을 거부하자 마을의 지배층인 타쿠르들은 '드센' 풀란에게 앙심을 품었다. 풀란에게 도적떼 다코이트에 가담했다는 누명을 씌워 경찰에 넘겼다. 취조실에서도 폭행은 계속되었다. 글을 읽을 줄도 쓸 줄도 몰랐던 풀란은 진술서에 강제적인 서명을 하고 남편에게 돌려보내졌다. 그녀는 분노와 광기에 사로잡혀 모든 것을 거부했고 남편에게서 다시 도망쳤다. 타쿠르들은 도적단 다코이트를 사주해 풀란을 납치했다.

다코이트 가운데 '비크람'이라는 남자는 풀란을 가엾게 여겨 도와주었다. 뜻을 함께한 그들은 부자들의 재물을 훔쳐 가난한 이들에게 나눠주는 일을 하게 되었다. 정글은 비로소 풀란의 집이 되어주었고, 풀란은 도적떼 가운데서 안전한 느낌을 받았다. 그들은 어린아이를 성폭행하고 학대하는 사람들을 징벌하러 다녔다고 한다. 풀란은 신체 훈련을 받으며 약자를 보호할 것을 서약하고 '복수에 나선 두르가 여신의 분노를 두려워하라'고 외쳤다고 한다. 라이벌 도적단의 두목 스리람은 타쿠르 출신이었는데 최하층민 여자인 풀란을 도적단에 합류시킨 것에 분개해 비크람과 부하들을 무참히 살해하고 '풀란'을 끌고 다니며 모든 남자들의 먹잇감으로 던져놓았다. 수없이 많은 사람들의 폭행 끝에 가까스로 탈출하여 새로운 무리를 조직했을 때 그녀의 나이가 열일곱이었다.

비크람을 죽인 자들에게 복수를 마치고 나자 지친 풀

란은 경찰에 자수했다. 복역하는 동안 11년의 시간이 흘렀고 풀란은 마침내 석방되었다. 민중의 영웅으로 자리 잡은 풀란은 인도의 사회주의 정당 사마즈와디에 영입되어 국회에 입성했다. 빈곤층과 여성들을 위한 입법 활동을 주도했고, 인도 사회에서 영웅과 악당이라는 극단적인 평가를 동시에 받았다. 그러나 힌두교 근본주의자들과 지배층 타쿠르들은 여전히 풀란을 못마땅해했으며, 그들 중 하나에 의해 자신의 집 앞에서 총격을 받고 사망했다. 폭력과 학대에 맞선 풀란의 분노를 어린 딸아이들에게 알려주기는 아직 어려울 것 같다. 하지만 복송하는 여성으로 살기를 거부했던 강인한 정신만은 언젠가 꼭 알려주고 싶다.

3

책을 통해 만나게 된 또 다른 여성은 '현실에 뿌리를 둔 이상주의자' 테레즈 클레르이다. 우연히 비슷한 시기에 읽게 된 다른 책 『파리의 생활 좌파들』 목수정 지음, 생각정원

2015에서도 프랑스의 페미니스트로 소개되고 있었다. 그녀는 나이 마흔이 넘어 몸과 마음의 자유를 좇아 새로운 삶을 구상했다고 한다. 꿈이 있다면 언제라도 다른 삶을 찾아 움직일 수 있는 것인가 보다. 그러니 인생의 어느 시점에서도 뒤늦은 후회는 하지 않아도 되는 게 아닐까. 테레즈는 1927년 가톨릭 부르주아 집안에서 태어나 온건한 교육을 받으며 자랐다. 부모의 뜻에 따라 결혼하고 아이들을 낳아 전업주부로 살았다. 평온한 삶을 박차고 나온 계기는 성당에서 알제리 전쟁과 마르크스주의 계급투쟁을 접했던 경험이라고 한다. 대부분의 사람들이 인간은 존중받아야 하며 해방되어야 한다고 주장했으나 그 '인간' 안에 여성의 자리는 없었던 것이다. 아무도 그 문제에 공감해주지 않았기 때문에 테레즈는 같은 문제의식을 가진 동료들을 직접 찾아 나섰다. 반자본주의 페미니즘 운동을 접하고서야 그녀는 가망 없는 삶에서 탈출할 용기를 냈다. 남편과 헤어진 후 일자리를 얻어 독립했다. 아이들을 양육하며 가난하지만 자유로운 삶을 선택한 것이다. 그 곁에 여성 동료들이 있었다.

    테레즈 클레르는 제일 먼저 낙태 합법화를 위해 연대

운동을 벌였다. 당시 낙태가 불법이었기 때문에 젊은 여성들이 무자비한 불법 낙태 시술에 몸을 맡겼다가 사고를 당하는 경우가 많았다고 한다. 테레즈는 직접 의술을 익히고 훈련하여 여성들의 몸을 보호하기 위해 애썼다. 오갈 데 없는 노년 여성들을 위해 '바바야가의 집'을 건립한 일은 가장 큰 성과 중의 하나였다. 바바야가의 집은 저소득 노년 여성들을 위한 공간이었지만 그저 양로원을 표방하는 시설이 아니라 입주자들이 각자 독립된 공간에서 생활할 수 있는 곳이었다. 낮은 집세로 공동의 생활공간과 독립적 생활을 보장해주었다. 바바야가의 집에서는 문화 탐방과 예술 활동들이 공동으로 이루어진다고 한다. 인생의 풍요로움과 즐거움을 유지하기 위해서는 아무래도 창조적 행위가 필요한 것 같다. 바바야가들이 추구하는 여섯가지 가치는 다음과 같았다. 온전한 시민 되기, 자립, 종교와 생활 분리, 환경 보존, 상호 연대, 페미니즘. 내게도 이러한 가치들이 꽤 소중하게 다가온다.

테레즈 클레르는 "삶의 즐거움은 배 아래에서 온다" "침실과 거리가 나의 유일한 대학이었다"라고 말한다. 사랑과 연대에 대한 그녀의 믿음을 보여주는 말들이다. 그녀는 꿈과 이상을 갖고 지치지 않고 움직였다. 나 또한 고독과 차별 속에 죽어가고 싶지 않다. 개방적이고 쓸모 있는 노인이 되고 싶은 꿈은 누구에게나 있을 것이다. 파티를 즐기며 행복하게 늙어갈 기회를 스스로 잡아낸 이 여성을 만난 것이 무척 반가웠다.

미련한 자의 입은 멸망을 부르고

하루는 딸아이가 영어단어 dirt와 soil에 대해 물어서 더러움과 흙은 다른 거라고 가르쳤다. 아이는 갸우뚱했다. 놀다가 옷에 흙이 묻으면 더러우니까 털어야 했던 것이다. 영어 표현에서 그 둘은 명확히 구분되는 것 같지 않다. '거제곤충'이라는 농장에 가면 굼벵이와 오소리를 키워 약으로 만드는 청년농부가 산다. 그분도 도롱뇽과 올챙이가 살고 있는 조그만 연못가에 서서 나랑 똑같이 이야기했다. 흙탕물은 더러운 것이 아니지요. 여기 이렇게 작은 생물들이 흙탕물 속에서 잘 어울려 살아요. 재밌는 설명과 배려 덕분에 관람은 무료로 하고 오소리 기름과 굼벵이즙 같은 것을 몇개씩 사게 된다.

*

　대학원에 입학해 공부하는 동안에 무지로 인한 말실수가 참 많았다. 원서 읽기 스터디에서 했던 실수는 아직도 잊을 수가 없다. 학부 내내 제대로 읽어본 적 없는 이론서 철학서 들을 읽으며 외국어 능력이 부족해 고생했다. 문면 그대로 해석을 한다 해도 좀처럼 이해가 되지 않았다. 제일 부끄러운 실수는 고유명사를 잘못 읽은 것이었다. 루카치를 헝가리어로 쓰면 Lukács György이고, 영어로 쓰면 Georg Lukacs 정도가 될 것이다. 죄르지로 읽든지 게오르크로 읽든지 루카치는 루카치이다. 그런데 루카치 부분 발제를 맡은 내가 원본을 읽으면서 어이없게도 '루카스'라고 발음했다. 그것도 반복적으로 그렇게 읽어버린 것이다. 졸음과 피로를 물리치기 위해 먹었던 박카스 때문이었나. 아무도 뭐라고 하지 않았지만 스터디가 끝나고 나서 한 선배가 조용히 다가와서 루카치라고 읽어야 한다고 말했다. 『영혼과 형식』 『역사와 계급의식』 『소설의 이론』 『삶으로서의 사유』와 같은 루카치의 책들을 마주할 때마다 그날의

실수가 떠오른다. 부끄러움은 퍽 오래 가서 그날 이후 원서를 읽을 때마다 고유명사는 반복해서 찾아보고 확인하는 습관을 갖게 되었다.

두번째 실수도 이름이었다. 김용직 선생님의 국문학 관련 저서를 인용하면서 주석에 저자명을 김용택이라고 달았다. 한자 '稷' 피 직 을 '택'으로 잘못 읽어버린 것이다. 어렸을 때부터 한자를 제법 잘 익히고, 한자 수업을 좋아했으며, 누가 시킨 것도 아닌데 한자능력검정시험 자격증까지 취득했던 나로서는 그 실수를 스스로 용납하기 어려웠다. 그런데 실수는 한두번으로 끝나지 않았다. 일제 강점기에 발행된 문예지 『문장』을 읽으면서도 한문 오독이 자주 반복되었다. 여러 선생님과 스터디하는 자리여서 긴장과 스트레스가 심했다. 열심히 하려고 할수록 눈이 캄캄해졌다.

실수는 감정이 요동칠수록 더 심해지는 것 같다. 내가 아는 선생님의 이메일 주소에는 '블루'가 들어가는데 적을 때마다 blue인지 bleu인지 늘 헷갈렸다. 주소를 잘못 적어 내 이메일이 제대로 전송되지 않을 것만 같아 불안감에 시달렸다. 그 선생님은 내가 오래 좋아했던 시인이어서 언제나 한마디 한마디 하는 것이 긴장되었다. 외국어나 한자뿐이 아니다. 내 머릿속은 종종 많은 상념이 엉켜 있거나 다른 것에 정신이 팔려 아주 기본적인 철자법이나 띄어쓰기 오류도 잡아내지 못하는 실수를 저지르고는 한다. 어느 날 출판사에 보낸 원고를 확인한 편집부로부터 원고가 최종 파일이 아닌 것 같다는 연락을 받았다. '삼다'와 '삶다'를 구분하지 못하고 적은 것이다. 당황하여 급하게 고쳐서 다시 보냈다. 수십번을 읽어본 내 원고에서조차 그런 실수가 발견되었다. 이후로도 어이없는 실수를 계속해서 저질렀다. 학생들과 맞춤법과 띄어쓰기 수업을 반복한 경험이 있어 다 아는 것들인데도 말이다. 두 다리 멀쩡히 달려 있어도 골목길에서 넘어지는 것처럼 그렇게 자주 넘어지는 인간이 바로 나였다.

주요 도심 밖의 지역을 '지방'이라는 의미에서 the provinces라 쓴다. 프랑스 남동부의 옛 지방명인 Provence와 헷갈린 적이 한두번이 아니다. 프로방스의 와인이나 올리브를 먹으면서 Provence is a province of France라고 말해본다. 프랑스 지역명이니 불어로 하면 헷갈릴 염려도 적고 발음하기도 더 좋다. Région française de Provence. 닮지 않은 단어들도 한번 헷갈리기 시작하면 매번 틀렸다. 교정되지 않는 내 말의 감각에는 확실히 문제가 있는 것 같다. 프로이트를 읽으면서 가장 재미있었던 부분은 꿈의 해석이 아니라 말실수에 대한 그의 정신분석 태도였다. 실수가 사소한 것이 아니며 상황적, 신체적, 심리적 요인에 의해서만 발생하는 것도 아니라고 말한다. 물론 피로감이나 흥분 상태, 주의력 결핍, 거부감 등의 요소를 고려하지 않을 수 없지만 "실수들은 모두 의미를 갖고 있다는 것" 프로이트『정신분석 강의(상)』, 홍혜경·임홍빈 옮김, 열린책들 1997, 74면 이다. 말실수는 억압된 무의식의 표출로서 "화자에 의해 즉각적으로 거부될 가능성이 있는 어떤 경향이 표출된다" 90면 고 프로이트는 말한다. 모종의 "타협의 산물" 91면 로서 "의도는 억압되지만 대신 잘못 말하기란 방식을 통해 보상을 받는다" 89~90면 는 것. 말실수 속의 나를 찬찬히 들여다보게 된다. 내 속의 억압적 요소와 잘못 말하기를 통해 스스로 보상받고자 하는 깨지기 쉬운 심리에 대해서 말이다.

　가장 최근의 말실수는 '커밍아웃'이라는 단어와 연관된다. 보통 성소수자가 자신의 성적 정체성이나 지향을 공개적으로 드러내는 일을 말한다. 그런데 나는 언젠가 수업 중에 이 말을 남들에게 밝히기 힘든 사실을 알리는 행동이라는 의미로 사용했다. 그런 용법도 있기에 아주 틀린 말은 아니었지만 오해를 살 만했다. 과거 유럽 귀족들이 정식으로 사교계에 데뷔할 때도 커밍아웃이라는 말을 쓰곤 했다. 나는 성소수자도 귀족도 아니면서 함부로 쓴 것이다. 한 학생이 강의 평가에 부적절한 단어 사용 때문에 수업에 집중하기 어려웠다고 고백했다. 나로서는 깊이 생각해보지 못한 일이었지만 더 신중해질 필요가 있겠다 싶었다.

　　*

　언젠가 허수경 시인이 나의 시 「f」를 읽고 내 나라에 없는 발음의 고됨과 내 나라 말의 따스함에 대해 서신을 보낸 적이 있다.

    그는 프랑크푸르트에 갔다
    프랑크푸르트는 f가 두 개나 들어가서
    발음할 때마다 불편하다
    두 개의 f를 발음하다가
    다섯 시 오십오 분을 놓칠 수도 있다

    루프트한자를 타고 갔을까
    하나의 f를 매달고 한 번의 화장실
    두 번의 식사 세 번의 기지개를 켜고
    신문을 꼼꼼히 읽고
    창밖의 구름으로 아무것도
    아무것도 만들지 않고

    적금을 적립식 펀드로 바꾸라고
    은행 직원이 전화를 했다
    펀드의 f는 불안하다

네 시 반까지 은행 시간도 불편하다

보도블록 같은 f

아파트 난간에 서서

날아가는 빨래를 본다

f 같이 서서 죽은 새들을 향해

손을 뻗어본다

새 같지만 f 같은 마음에 도달한다

—이근화 「f」 전문, 『우리들의 진화』, 문학과지성사 2009.

    초등학교에 입학해서 한글을 익히던 때 '오이'와 '오리'를 구분하여 발음하지 못해 울던 기억이 난다. 선생님께 야단을 맞았고, 엄마의 속이 터졌다. 지금 와서 생각해보면 어이없는 일이지만 거기에 뭔가 있다는 생각을 해본다. 발음을 억압하는 어떤 실패의 기억이 있지 않았을까. 요즘 애들은 한글을 금세 떼고 어릴 때부터 영어도 빠르게 익혀나간다. b와 v, f와 p를 정확히 구분하여 발음하는 딸아이를 보면 신기하다. 나는 머릿속에서만 구분할 줄 알지 입 밖으로 단어들이 튀어나올 때는 좀처럼 잘되지 않는다.

    그러니까 f는 발음하기 어려운 알파벳이면서 삶의 곳곳에 포진해 있는 함정 같은 것이다. 언제라도 급습할 수 있는 사건사고들. 맨홀에 빠지거나 아스팔트가 무너지듯 삶은 일상 속에 상상을 뛰어넘는 일들을 마련해놓고 있다. 이 시는 은연중에 우리가 겪는 실패와 이별 같은 것을 떠올리게 한다. 그가 프랑크푸르트로 루프트한자를 타고 떠나갔다. 이별뿐이랴. 갑작스럽게 걸려 오는 불편한 전화, 매 순간 지켜야 할 규범과 약속들 속에 f가 있다. f로 상처받은 마음은 f가 아닌 곳에서도 f를 떠올리게 만든다. 이제 보도블록이나 날아가는 빨래에서도 f는 감지된다. 아예 '나'는 f같이 서서 죽은 새를 바라본다. 죽는 순간까지 f를 극복하지 못할 것이어서 자발적으로 f 같은 마음에 도달한다. 사람마다 생김이 다르듯이 실패의 감정이 다르고, 실수의 지점이 다르고, 상처가 다르다. 동일하지 않지만 모두 각자의 f를 짊어지고 살아갈 수밖에 없을 것이다.

    어느 날은 그렇겠지요. 집에 가는 길이 생각나지 않아

골목길에 주저앉았을 때 뒤꿈치에 스프링이라도 달아야 되지 않겠습니까. 여기저기 튀어 오르다 넘어질까요. 젊은이의 뼈는 훌륭해서 척척 붙습니다만. 아침엔 뭘 먹었는데 그게 뭘까요. 백년을 뛰어넘은 밥상입니다. 점심에는 이웃을 만났는데 그게 누굴까요. 잘 지워지지 않는 것은 고향의 언덕 바람의 냄새 엄마의 손가락. 빙판의 난반사가 시야를 가렸을 뿐인데 팔다리가 즐거워졌습니다. 대자로 뻗었습니다그려. 마음은 벌떡 일어났는데 그게 바로 1918년이었어요. 누가 알았겠어요. 일년 뒤에는 난리가 나고 피칠갑을 하고 목청이 터질 줄이야. 지푸라기에 비린내 풍기는 생선을 싸매고 먼먼 길을 달려왔는데 꿀단지는 깨지고 무르팍도 지워지고. 엄마의 손바닥 그건 여기가 백년 전이라는 소리입니다. 1918년의 하루가 붉습니다. 일년 뒤에는 더욱더. 딸아이의 목소리가 들렸는데 그게 어제인지 오늘인지. 내일은 더 반갑겠지만 고년이 어디로 나가서지 맘대로 날뛸지. 걱정 반 재미 반입니다. 생마늘 같은 발가락을 다섯개 열개나 달고 달려나가 목청껏 부

르짖을 때 마음껏 봄이 옵니다. 내 인생은 백년 전의
것이어서 훌륭합니다.

—이근화 「1918년」* 전문,

『뜨거운 입김으로 구성된 미래』, 창비 2021.

    이 시에는 삼대에 걸친 여자들, 할머니('나'의 엄마)와 '나'와 손녀('나'의 딸)의 시간이 펼쳐져 있다. '나'의 엄마이자 딸들의 할머니인 여성은 이제 나이 들어 아프고 연도도 헷갈릴 만큼 인지능력이 떨어졌다. 먼 과거의 일들은 뚜렷히지만 바로 조금 전에 무엇을 했는지 기억해내기 어렵다. '나'의 어린 딸들은 쑥쑥 자라느라 바쁘다. 시간 따위는 중요하지 않고 마구 뛰어다니며 목소리를 높인다. 할머니에겐 어여쁜 손녀이자 함께할 수 없는 미래를 가진 존재들이다. '나'는 그 사이에서 엄마와 어린 딸 걱정으로 심란하다. 한겨울 빙판길에 넘어져 뼈가 부러진 엄마가 있고 이리저리 날뛰다가 자주 다치는 딸이 있다. 그러나 여자들의 모

---

* 이 시의 제목에는 각주가 달려 있다. 다음은 각주 내용. "환자분, 올해가 몇년이지요?" 의사가 물었을 때 엄마가 망설이며 대답했는데 내가 그만 웃어버렸다.

든 시간이 걱정만으로 채워지는 것은 아니다. 규정되지 않는 시간 위에서 무엇이 어떻게 될지 알 수 없는 일이다. 과거의 어느 시점이 폭발적으로 의미 있었듯이(이 시에서 그것은 1919년 만세운동이다) 우리에게 주어진 어떤 시간들 위에서 성장한 딸은 박차고 나가 엄마인 '나'의 걱정을 훌쩍 뛰어넘을 것이다. 그 시간들을 향한 믿음과 기대를 공유하는 존재들로서 우리는 가족이다. 거기까지 이르는 나의 인식의 출발에는 엄마(할머니)의 말실수가 있었다. 주석에 달려 있는 것처럼 나이 든 엄마가 의사에게 2018년이라고 말해야 할 것을 1918년이라 답해버려 나는 그만 웃고 말았다. 엄마의 '혼돈된' 시간과 딸의 성장이 보여주는 '날뛰는' 시간들 사이에서 '나'는 엄마와 딸들의 미래가 어떻게 서로 이어질 수 있는지 물을 수밖에 없었던 것이다.

김행숙 시인은 공식 연단에서 자신이 2014년을 자꾸 1914년으로 말한 적이 있다고 했다. 그런 반복적인 말실수를 모티프 삼아 「1914년」(『1914년』, 현대문학 2018)이라는 시가 쓰인 것 같다. 그 작품에는 마음과 몸, 당신과 그, 나의 행위에 대한 질문이 연쇄를 이루고 있다. 진술들은 매끄럽게 이어지지만 구체적인 정황이 떠오르지는 않는다. 딱 들어맞게 의미가 귀결되지도 않는다. 마음을 흙이라고 생각하는 일, 흙 속에 뭔가가 있다고 생각하는 마음, 흙을 만지듯이 당신을 만지면 나는 자꾸 흘러내린다는 연결로 보아 당신의 죽음이라는 사건과 몸의 사라짐, 남아 있는 마음 등이 시상의 핵심을 이루는 것으로 보인다. 한 줌의 흙으로 남은 육체, 그 흙을 만지는/움켜쥐는 나, 질문(죽음)에 답할 수 없는 나의 졸음과 계속되는 꿈을 중심으로 진술들이 펼쳐진다. 그렇다면 제목에서 1914년이라는 특정 해를 지목한 이유는 무엇일까. 그것이 2014년의 살못(말실수)이었다면 2014년에 누구의 어떠한 죽음이 있었는가 묻지 않을 수 없다.

    2014년 우리는 수많은 이의 해명할 수 없는 죽음을 마주한 적이 있다. 그 죽음은 아직 종결되지 않은 물음이기에 여전히 그 죽음을 대면한 채 미제로 짊어지고 살아갈 수밖에 없을 것이다. 그러니까 말실수는 직시해야 할 죽음, 은폐할 수 없는 사건이라는 무의식을 담고 있다고 봐야 한다. 그 시에 반복되는 질문의 연쇄와 해결되지 않는 물음은 구체적인 사건과 현상에 대한 시인의 반응이라고 해야 할 것이다. 말실수 속에는 내가 어쩌지 못하는 기억들이 그렇게 깊이 잠자고 있다가 드러나게 된다. 시인은 내 말들 속에 무엇이 은폐되어 있는지, 내 기억 속에 무엇이 왜곡되어 있는지 추적해보고 재구성해보는 사람이기도 하다.

*

이영광 시인의 작품은 사소한 말실수가 어떻게 마음을 뒤흔드는지 인상적으로 보여준다.

> 책을 보다가 엄마를 얼마로
> 잘못 읽었다
> 얼마세요?
>
> 엄마가 얼마인지
> 알 수 없었는데,
> 책 속의 모든 얼마를 엄마로
> 읽고 싶어졌는데

눈이 침침하고 뿌예져서

안 되었다.

엄마세요? 불러도 희미한 잠결,

대답이 없을 것이다

아픈 엄마를 얼마로

계산한 적이 있었다

얼마를 마른 엄마로 외롭게,

계산한 적도 있었다

밤 병동에서

엄마를 얼마를,

엄마는 얼마인지를

알아낸 적이 없었다

눈을 감고서,

답이 안 나오는 계산을

나는 열심히 하면

엄마는 옛날처럼 머리를

쓰다듬어줄 것이다

엄마는 진짜 얼마세요?

매일 밤 나는 틀리고

틀려도,

엄마는 내 흰머리를

쓰다듬어줄 것이다

　　—이영광 「계산」 전문, 『살 것만 같던 마음』, 창비 2024.

　쇠약해서 병든 엄마가 있고, 눈이 침침해서 글자가 잘 안 보이는 '나'가 있다. 책을 읽다가 '얼마'를 '엄마'로 착각한 데서부터 엄마를 생각하는 내 마음이 수면 위로 떠오른다. '엄마'와 '얼마'는 받침 하나만 다르고 비슷해 보이지만 아예 다른 말이다. 그런데 이 서로 다른 말 사이의 모종의 관계가 엄마와 나의 삶의 시간들을 복기하게 만든다. '나'는 아픈 엄마를 두고 얼마를 따진 적이 있고, 얼마를 두고 엄마로 외롭게 계산한 적도 있다고 고백한다. "답이 안 나오는 계산"인 삶을 열심히 살아가는 '나', 그런 자식의 흰머리를 엄마는 쓰다듬어줄 것이라 말한다. '엄마세요'와 '얼마세요' 사이 대답할 수 없는 질문을 던지는 어리석은 시인으로서 '나'는 자꾸 틀리니 어찌 보면 계산은 '나'의 일이 아닌지도 모르겠다. 얼마를 얼마로, 엄마를 엄마로 바로잡아도 아직 끝나지 않은 것이 있다. 모든 가치가 '얼마'로 환산되는 세계 속에서 얼마인지 절대로 환산되지 않는 존재인 엄마를 언젠가 잃었을 때, 나는 얼마간 엄마 잃은 세상을 얼마로 계산해야 할 일이 있을 것이다. 그때의 얼마란 엄마를 절대 담지 못할 것이지만 이 세계에선 죽음조차도 얼마로 환산하기를 멈추지 않기 때문이다. 우리의 존재와 관계에 대한 성찰을 보여주는 말실수를 통해 가지런하게 정리되지 않은 세계의 일면을 보는 듯하다.

*

사람의 말은 그 사람을 보여준다. 하지만 말로는 다

알 수 없는 내면의 복잡성이라는 것이 있어서 말을 잘하는 입보다 잘 가려듣는 귀가 더 필요한 것 같다. 말하고 듣는 일은 실수투성이고 속임수가 있어서 헷갈리기 쉽다. 말 너머의 사람을 보기 위해 다시 귀를 세워본다.

> 나무도 욕망을 채우지 못하면 정신 질환을 앓는다
> 정신 질환을 앓는 나무는 신경질적으로 가지를 뻗고
> 시름시름 잎새를 매단다 거름도 비료도 링겔도
> 백약이 무효다 미친 나무는 그 자리에 선 채로
> 미친 듯이 살아간다 나무 껍질만 보고는 나무가
> 미쳤는지 돌았는지 알 길이 없다 미친 나무는 속이
> 썩어 문드러지는 것 같지만 막상 베어보면 속도
> 멀쩡하다 쓸 만하다
> ─박순원 「버스 정류장」 전문, 『주먹이 운다』,
> 서정시학 2008.

버스 정류장에 서 있는 나무 이야기다. 욕망을 채우지 못해 정신 질환을 앓는 나무다. 신경질적으로 가지를 뻗고 시름시름 잎새를 매달고 있다. 미친 듯이 살아가는 나무는 어쩐지 사람을 닮은 것처럼 느껴진다. 껍질만 보고는 나무가 미쳤는지 돌았는지 알 길이 없다고 하니 더 그렇다. 속이 썩어 문드러지는 것 같지만 막상 베어보면 속도 멀쩡하고 쓸 만하다는 진술은 병적 상태란 것이 삶이 불가능한 상태는 아니라는 사실을 말해준다. 우리 인간도 신경질적으로 가지를 뻗고, 시름시름 잎새를 매단 채 버티고 서 있느라 가끔 버스를 놓치고, 말실수도 한다. 속된 말로 미치지 않고 어떻게 살겠어,라고 하는데 반쯤 제정신이 아니어서 매번 실수도 하면서 그렇게 버티는 것. 그게 중년을 통과하고 있는 내가 체감하는 삶이다. 시란 그 체감을 지연시키는 말들일 뿐이다. 실수투성이인 '나'를 다시 세워보기 위한 안간힘과 반복되는 실패. 그런 미친 사랑.

무리 바깥의 어린 양들

코로나바이러스가 유행하면서 지난해부터 올해까지 강연과 행사가 현저히 줄어들었다. 출근과 등교가 제한되었고 도서관과 문화센터 등이 문을 닫았으니 그럴 만도 하다. 각종 심사도 우편이나 이메일로 진행되었고, 인터뷰 같은 것도 화상으로 이루어졌다. 일상의 변화로 어리둥절한 기분이 들지만 오가는 시간이 줄고, 인사치레가 없어져 편하기도 하다. 근데 최종 단계에는 꼭 대면해서 의사를 개진하고 확인하는 과정을 거친다. 무엇인가 줄어들었지만 아주 없어지지는 않았다. 그게 무엇일까. 온라인으로 주고받는 말은 직접 대면해서 나누는 대화나 의사소통과는 조금 다르다. 공간은 아무래도 질서를 만들어내고, 얼굴을 마주하면 위계를 의식하게 된다. 시스템 안에서 권위에 치우쳐도 문제지만 그게 아주 없어져도 문제이지 않을까. 언택트의 효율성만 강조하다보면 뭔가 스르르 빠져나가는 기분을 지울 수 없는데 그것을 보수성이나 관성이라고만 할 수는 없을 것 같다. 인간관계나 일의 처리에 있어 (대면의 즐거움과 괴로움 사이) 초고속 인터넷으로는 주고받을 수 없는 무언가가 있다.

글쓰기는 처음부터 끝까지 혼자서 끙끙거리는 내밀한 작업이니 코로나 시대라 해서 갑작스럽게 변하지는 않을 것이다. 디민 나처림 학생들을 가르치는 사람들은 온라인 강의를 새롭게 준비하느라 시간과 에너지를 소진하고 글쓰기가 더 어려워진 것도 사실이다. 익숙해지면 더 효율적이라고들 하지만, 학생들에게 들려줄 주변적인 이야기(인생과 유머)는 온라인 강의자료에서 모두 날아가버렸다. 오랜 시간을 두고 보면 지식의 전달만큼이나 감정 공유가 중요한데 말이다. 또 엄마들은 학교에 가지 않는 아이들을 돌보느라 여유와 집중력이 사라졌다. 아이들도 친구와 선생님의 자리를 잃었다. 에너지를 쏟을 데가 없어진 아이들의 우울과 짜증은 어떻게 할 것인가. 조금 과장하자면 바이러스보다 온 가족이 24시간 붙어 있는 것이 더 무섭다. 적절한 거리를 유지하는 것이 가족 간의 화목을 유지하는 데도 중요한 것 같다. 그럼 선생 노릇을 하지 않는 사람들은 어떤가. 집에 어린아이들이 없는 사람들은 어떤가. 더 무료하고 더 여유가 생겼는가. 다른 삶에 대해서는 잘 모르겠지만 실내 활동이 늘어났다거나 새로운 취미 생활이 생겼다든가 그런 얘기들을 한다. 그러나 다들 조금씩 코로나블루를 겪고 있는 것 같다. 친구나 동료 들의 메시지나 메일이 더 자주 오고, 더 길어졌다. 카페인과 알코올의 섭취량이 현저히 늘어가는 것도 변화다. 몸도 마음도 점점 무겁게 느껴진다.

*

그래서 우리들은 코로나 시대를 살면서 어떤 시를 쓰는가. 직접적인 영향 관계를 따지기에는 아직 너무 이르다. 팬데믹의 위험성을 벗어나고 있지 못한 것에 대해 즉각적인 반응으로 모든 글쓰기가 이루어지는 것은 아니다. 오히려 코로나보다도 아직 해결되지 않은 죽음들이 더 강하게 마음을 붙들고 있는 것 같다. 무고한 아이들과 여성들이 억울하게 죽어갔던 일에서 쉽게 벗어나기 어렵다. 아주 오래 우리를 붙들고 놓아주지 않을 것이다. 그 기억과 연대해 싸우며 써야 될 텐데 그것이 어렵고 아프게 느껴진다. 대통령과 국회위원과 시장이 자살하는 나라에 살면서 느끼는 허망함이나 절망감도 우리를 끈질기게 붙들고 놓아주지 않는다. 추문과 위협에도 끝까지 살아주었으면 하는 마음은 너무 큰 욕심일까. 매번 누군가를 잃을 때마다 우리는 온전히 슬픔에 빠지지 못한다. 애도의 과정을 온전히 거치지 못하는 것 같다. 우리 사회의 후진성과 미숙함이 부끄럽다. 이 부끄러움은 우상향하는 GDP와는 상관이 없는 일이다. 그러나 일상이라는 것이 있어서 생활에 쫓기며 살다보면 고용 불안과 실업이 피부에 와닿는 것도 사실이다. 매번 계약을 갱신해야 하는 강사 일의 번거로움과 존중 같은 것은 찾아보기 어려운 고용주의 기계적인 처사에 당장이라도 그만두고 싶은 마음이 들끓지만 차마 그만하겠습니다,

안 하겠습니다라는 말이 나오지 않고 억울함과 짜증이 밀려온다.

　매일 체감하는 날씨와 계절의 변화만 보더라도 이 삶은 나날이 SF보다 더 SF스러워진다고 해야 할까. 황사와 미세먼지, 폭염과 폭우 같은 가속화된 기후변화가 삶의 표면을 더 급속하게 변화시키고 있다. 환경오염과 생태계 파괴는 간과할 수 없는 지경이어서 이제는 정말 전 인류의 생존에 위협을 주고 있다. 어쩔 수 없이 지구를 살리기 위한 국제적인 규제와 제약 같은 것이 한층 강화되고 있는 것 같다. 코로나바이러스의 유행으로 인간 삶이 어느 정도 마비되고서야 공기가 맑아지고(인도와 중국의 공장 가동이 멈추고 차량운행이 줄어들자 동아시아 각국의 미세먼지가 현저히 줄어들었다), 동물의 활동 반경이 늘어났다고 하니(인간을 피해 숨어 살던 동물들이 마을에 출현하는 사례가 빈번해졌다) 인간은 지구의 입장에서는 몹쓸 존재이다. 극악해지느니 왜소해지는 것이 낫겠다. 제한된 공간에서 아주 적은 쓰레기만을 배출하며 적게 먹고 적게 쓰고 살아야 하지 않을까. 끊임없이 사고 버리는 일로부터 벗어나 조용하게 살았으면 좋겠다. 과도하게 축적하고 전쟁을 일으키는 일로부터 인간의 역사를 해방시키는 일이 어려워 보이기는 하지만 말이다.

인간이 일하지 않는 여유 시간을 보내는 방식이 많이 달라졌다고 생각한 것이 얼마 되지 않은 것 같은데 이제는 일 자체에 대한 개념도 급변했다. 일과 놀이의 경계가 불분명해졌으니 정말 좋아하는 일을 하며 의미를 찾아도 되는 것이 아닐까. 공부 잘하는 방법보다 잘 노는 방법을 가르치고 싶다는 생각을 하게 된다. 노동의 생산성이 높은 가치를 창출하는 자본주의 사회에서 노동은 어떤 의미에서 해방되었다. 계급을 해방시키는 방식이 아니라 영역을 바꾸는 방식으로 말이다. '어른들'이 보기에 놀면서 돈을 버는 '아이들'이 많아졌다. 아무래도 노동의 개념과 금융에 대한 지식을 폭넓게 배우고 가르치면서 새롭게 사는 방법을 터득해야 할 것 같다.

그런 의미에서 젊은 시인들의 직업 없음은 이제 당연한 일인지도 모른다. 먹고살 걱정을 안 해도 되는 것은 물론 아니다. 시의 언저리에서 발생하는 많은 일들을 찾아 나설 수 있다는 의미이다. 후배 시인들로부터 배웠다. 꼭 출판사나 공식 기관을 경유하지 않아도 직접 여러 행사나 모임을 창출할 수 있고, 미디어를 통해 이런저런 활동을 만들어낼 기회가 다양한 채널에 의해 많아졌다. 다른 소통과 향유의 방식을 찾아 저마다의 의미와 즐거움을 찾을 수 있으니 꼭 출퇴근을 하는 경직된 회사 시스템에 편입되지 않아도 된다는 것이 무척 다행이랄까. 코로나바이러스라는 위기 속에서 이전과는 다른 새로운 방식으로 활로를 모색하는 후배들을 보며 나 또한 우리 사회를 향해 새로운 상상력을 주문해본다. 문인 노조를 결성하는 것이 가능할까. 아니면 유아 보육료 지원이나 노인 연금처럼, 청년 세대 독립을 위해 18세 이상 27세 이하 젊은이들에게 생활보조금을 주는 건 어떨까.

*

얼마 전 「바르다가 사랑한 얼굴들」 2017 이라는 프랑스 다큐멘터리 영화를 보았는데 무척 흥미진진했다. 나이

든 영화감독 아네스 바르다와 젊은 사진작가 JR이 영화의 공동 감독이자 주연배우들이다. 둘은 카메라를 들고 여행에 나선다. 길 위에서 만난 사람들의 사진을 찍고 이색 전시를 마련하느라 즐겁다. 서로의 말에 귀 기울이며 자유롭게 작업을 이어나간다. 새롭고 다양한 시도들은 예술가가 단독으로 연출한 것이 아니라 여러 사람들의 협업으로 이루어진다. 모양도 자세도 크기도 제각각. 전문 모델이 아니라 거리의 사람들, 공장 노동자들, 어린아이들, 광부들, 가게 점원들이 저마다 자신만의 포즈를 취한다. 담장에, 건물 벽면에, 부두에, 컨테이너에, 공장 굴뚝에 커다란 사진틀이 걸린다. 그들의 사진 찍는 행위는 사람들의 인생에 의미를 부여해주고 가치를 생산해준다. 자신들의 삶을 사진에 담아 보여준 것에 대해 사람들은 감동한다. 사진 그 자체가 아니라 사진을 찍고 전시하는 과정을 통해서 말이다. 모두가 제각기 존중받고 의미 있게 살아간 것에 대해 보상받는 것처럼 보였다.

어느 날 바르다와 JR은 거리에서 만난 부랑자와 자유로운 삶에 대해 얘기를 나누게 된다. 그 만남을 두고 두 사람은 이런 대화를 나눈다.

> 바르다: 말 많은 예술가를 만났네. 누구를 만날 때마다 그게 늘 마지막 같아.
> JR: 마지막이란 말을 수시로 하시지만 고양이처럼 늘 튀어 올랐죠.
> 바르다: 고양이는 지혜를 줘.
> JR: 노인 조언가 역 같네요.
> 바르다: 자넨 혈기왕성한 청년 역 같고.
> JR: 차라리 양떼를 보며 뭔가 배워보죠.
> 바르다: 내가 인정하는 사실은 *무리 바깥의 어린 양들이 춤을 이끈다는 거야.*

무리 바깥의 어린 양들이 춤을 이끈다. 아녜스의 말이 머릿속에서 지워지지 않고 계속 맴도는 건 내가 사십대 중반이기 때문인 것 같다. 정확히는 예술가의 나이 듦에 대한 생각이나 젊은 시인들에게 갖는 감정적 기대와 관련되어 있지 않을까 싶다. 모든 예술가들이 젊음과 새로움만을 가지고 평생 활동할 수는 없다. 자기 변혁의 힘과 에너지를 어떤 방식으로 이어가는가가 더 중요한 문제일 수 있다. 그건 자신만의 능력이나 개성을 지켜가는 것과는 좀 다르다. 사회 역사적 문제에 어떻게 응답하고, 다른 세대와 어떤 방식으로 소통하고, 그들을 어떻게 받아들이는가의 문제와 연관이 있다.

나는 코로나바이러스의 유행을 중년의 나이에 겪으며 팬데믹 전후를 비교하고 앞으로의 변화를 가늠하는 것밖에 할 수 없지만 아직 등단하지 않은 미래의 시인들에게 코로나바이러스는 삶을 구성하는 원체험에 가까울 것 같다. 그들은 또다른 바이러스의 유행을 평생 겪으며 살 것이라는 예견 위에 삶을 구성해나갈 것이다. 이미 파괴된 환경과 생태계의 변화 속에서 재난과 재해의 암울함이 일상이 되고 있는 세대들에게 삶은 무엇인가. 성장의 신화 속에서 내달렸던 세대들이 가졌던 것과 같은 종류의 희망과 낙관을 가지기 어려울 것이다. 또한 고속 성장한 산업화 사회의 폐해 속에서 좀더 나은 사회를 꿈꾸던 젊은이들의 분투와 열망 역시 피부에 와닿지 않을 것이다. 나는 종종 '자기만

안다'라는 평가를 받곤 하는 '요즘 애들'의 모습이 너무 많이 가졌음과 더 가지기는 어려움이라는 그들의 이중성 때문이 아닌가 추측해본다. 절대 가난은 벗어났기 때문에 투쟁할 만큼의 결핍을 느끼지는 않으나 계층적 위계와 부의 편차로 인한 상대적 가난이 심화되고, 노력한다고 해서 성공하거나 안정을 얻기 어렵다는 절망이 심리에 깔려 있을 수밖에 없을 것 같다. 젊은데 젊을수록 더 높고 단단한 성벽을 마주하는 기분이랄까. 다행인 것은 월드컵 응원 문화나 촛불시위와 같은 광장의 경험이 소속감과 연대감을 형성하고 이들에게 중요한 사회적 자산이 되고 있는 점이다. 많은 사람들이 모여 함께 내는 목소리에 대한 믿음을 갖고 있는 것이다. SNS를 통해 이전보다 빠르게 결집하고 움직일 수도 있다. 다만 SNS는 부작용이 많은 것도 사실이어서 매순간 상식과 건전성을 지키며 생각하지 않으면 숨 쉬는 것조차 죄가 될 수 있을 것이다. 배운다고 모든 것이 쉽게 나아지지는 않겠지만 새로운 앎에 대한 기대는 여전히 우리를 살게 한다. 새로운 호흡에 대한 기대가 아니라 최소한의 책임감으로 말이다.

*

높낮이와 좌우를 따지는 일은 무용한 집착이라는 것. 어떤 편향과 위계가 사람의 살이를 망칠 수도 있다는 것. 편견과 억압이 인간을 구부리고 괴물을 만들어낸다는 것. 결국 자연에 대해 생각해본다. 늘 지각하거나 너무 서두르는 인간이지만 지금은 불가능한 시도를 하기에 좋은 위기의 상황인 것 같다. 코로나로 잠깐 멈춘 것처럼 보이는 이 세계외 인간이기에 자연 앞에 좀더 공손하고 겸허한 자세를 취하게 되었다고 할까. 인간사회는 더 축소되고 삶을 살아가는 자세는 절제되어야 한다. 그 말은 거꾸로 소소한 일상 가운데 시의 가능성(자유와 열망)을 다시 생각하게 만든다. 우리는 기계와 기술이 인간을 압도하는 시대에 살고 있다. 기술로 해결할 수 있는 것들이 많고 기술이 인간의 능력을 넘어서는 경우도 많다. 그러나 중요한 문제들이 얼마간 남아 있을 것이다. 프랑스의 경제학자 다니엘 코엔은 목표가 명확하지 않고 모호할 때는 인간이 필요하다고 했다. 우발성과 우연성이 최대의 위험일 때 무엇보다 시적인 인간이 필요하지 않을까. 직관과 창의, 계산과 의외성까지 다룰 수 있는 것이 인공지능이라면, 그렇다 하더라도 뜻밖의 다른 선택(합리와 이윤을 넘어선 모호한 결정)을 할 수 있는 가능한 존재로서 우리 인간이 무리 바깥에서 시작된 새로운 춤을 함께 출 수 있으면 좋겠다.

3부

상처와 고통의 발명

숲이 불타고 있다

1

얼마 전부터 뭔가 타는 냄새가 나를 따라다니기 시작했다. 처음에는 그냥 이웃의 담배 연기가 들어오려니 했다. 실제 그런 적이 있어서 크게 신경 쓰지 않았다. 그런데 문을 닫고 걸어 잠근 때에도, 이른 아침이나 늦은 밤에도 코는 연기 냄새를 맡았다. 마른 잎이 타는 냄새였다. 생담배 냄새에 가까웠다. 이상하네, 머릿속에서 냄새를 더듬어보았지만 아무것도 타고 있지 않았다. 공기청정기에도 녹색 불이 들어와 있으니 실내 공기에도 이상은 없는 것 같았다. 주로 침실에서 그랬다. 움직일 일이 따로 없다면 나는 거의 침실에 반쯤 누운 자세로 하루 종일 있을 수 있다. 독서와 글쓰기와 차 마시기까지 모든 것이 가능하다. 큰 베개 작은 베개에 맞춤하게 고여 꼼짝 없이 그럴 수만 있다면 좋겠지만……

　일이 많아 해결할 엄두도 내지 못한 채 연기 냄새를 맡으며 그럭저럭 지내려고 했다. 나이 들면서 감각 이상을 호소하는 주변인들을 봐온 탓이다. 이명에 시달리거나 미각이 둔해지거나 후각이 예민해진 사람들이 많았다. 평생을 스트레스와 싸우다보면 감각기관이 반쯤 제 기능을 잃고 감각 이상에 시달릴 수도 있는 일. 그런 병증은 다스리기도 힘들어 보였다. 그럭저럭 향수와 디퓨저로 견디며 명상이나 스트레칭으로 긴장감을 해소해보려던 참에 후배 시인이 똑같은 냄새를 맡는다는 것을 우연히 알게 되었다. 그리고 어쩌면 또다른 누군가도 비슷한 종류의 냄새에 시달리는 것이 아닌가라는 생각에 이르렀을 때 손가락이 더 빨랐다. 네이버와 유튜브를 통해 관련 질환을 찾아내고 만 것이다. 자율신경계 문제로 후각신경 이상이 오는 경우를 환후각증이라 부르는데 생각보다 흔한 증상이었다. 적지 않은 사람들이 냄새에 시달린다고 했다. 주로 뭔가 타는 냄새를 호소하는 사람이 많으며 신경과민과 혈행 문제를 동반한다고도 했다. 교감신경과 부교감신경의 균형이 깨지면서 발생하는 여러 장애 중에 하나로 취급되기도 한다. 그런 것이구나.

없는 냄새를 지속적으로 맡다니 이거 굉장한데……

2

그 냄새는 스카우트 캠핑의 두번째 밤을 연상시킨다. 캠프파이어 행사가 이루어지는 시간. 장작이 충분해도 아이들은 주변의 마른 나뭇가지를 주워다가 불 속에 던져 넣었다. 얼굴이 벌게지도록 불가에 모여들었다. 어설픈 장기자랑과 레크리에이션 시간이 끝나면 항상 부모님의 은혜에 감사하는 시간이 밀어닥친다. 곡진한 목소리를 가진 선생님이 마이크를 잡고 학생들의 절반 이상이 울 때까지 감동적인 발언을 쏟아놓는다. 꼭 구슬픈 음악을 틀어놓고서.

별로 슬프지 않아도 옆에 앉은 애가 울면 따라 울게 되는 것이 그맘때의 애들이다. 아예 통곡을 하는 애도 있었고, 울다 웃다 감정을 주체하지 못하는 애도 있었고, 안 울려고 꿋꿋이 버티다 무너지는 애들도 많았다. 대다수의 애들이 한차례 울고 나면, 방으로 들어가 부모님께 감사 편지를 쓰게 한다. 그러니까 지금 생각하면 조금 이상한 그 시간 내내 모닥불 주위에 둘러앉아 뭔가 타는 냄새를 맡아야 했고, 머리카락이나 옷에 깊게 배인 연기 냄새는 이후로도 나를 오래 따라다녔다. 이상한 밤의 흔적을 다음 날 낮까지 질질 끌고 다녔다.

나 말인가. 글쎄, 지금 같아선 안 울었다고 말하고 싶지만 그렇게까지 독하지 못했던 것 같다. 다만 부모님께 편지를 쓰는 어색한 시간을 싫어했다. 사랑하고 감사하지만 할 말은 많지 않다. 차라리 모닥불을 바라보는 고요한 시간을 더 주었으면 하고 바랬다.

'불멍'의 시간 말이다. 불은 뜨겁고 아름답고 무섭다. 사람을 홀린다.

3

고3 담임선생님에게서도 언제나 담배 냄새가 났다. 심한 골초였다. 쉬는 시간마다 학교 건물 옥상에 올라 다니셨다. 반복해서 수학 문제를 길게 풀어내는 일의 지루함 같은 것이 있었겠지. 여고생들을 상대하는 피로감 같은 것도 있었겠지. 그런 담임선생님을 미워하고 또 사랑했던 것 같다. 정확히는 감정의 문제가 아니라 쏟을 데 없는 정념의 분출에 가까웠을 것이다. 지금 생각해보면 정말 부끄럽게도 담임선생님을 곤란하게 만든 적이 많았다. 고집을 피우며 끝까지 따지고, 대서고, 말을 듣지 않는 방식으로 말이다. 형편없는 수학 점수 때문에 더 그랬는지도 모르겠다. 상당히 많은 기억들이 머릿속에서 지워졌지만 아직도 선생님의 난처한 눈빛과 담배 냄새는 떠오른다. 졸업 후에 학교 앞으로 선생님을 찾아가 뵌 적이 있었는데, 그날 경양식집에서 돈가스를 먹으며 맥주를 한잔 따라 드리지 않았다면 선생님께 미안한 마음은 더 오래갔을 것이다. 더듬어보자면 선생님에게서 나는 그 지독한 담배 냄새를 은근히 좋아했던 것 같다. 내가 결코 도달할 수 없는 성인 남자에 대한 흠모라고 해야 할까. 물론 졸업식 때 담배 좀 줄이고 건강히 지내세요,라고 인사했지만 그 담배 냄새까지를 포함해 나는 한 사람을 기억한다.

그리고 한 사람 더. 뽀송뽀송한 애기 냄새가 나는 하얀 얼굴의 선배가 있었다. 가까이 있으면 존슨즈베이비 로션이 생각나는 인물이다. 아직 남자도 여자도 아닌 사람. 도저히 이 세계의 사람 같지 않은 괴물. 많은 친구와 후배들이 마음을 주었다. 우리는 열렬하게 좋아할 누군가가 필요했다. 다들 조금씩 울었다. 지금은 아주 먼 곳에 산다. 일년에 두어번씩 이메일을 주고받는다. 아무 냄새도 맡을 수 없는 거리에 있다.

화단을 가꾸고, 집을 고치고, 호숫가에서 캠핑을 한다고.

언젠가 한번 오라고.

갈 수 있을까.

물과 공기와 하늘빛이 다른 곳.

여행지를 떠올릴 때마다 늘 코가 답답한 기분이다. 너무 습하거나 건조해서 밤새 뒤척이게 되는 낯선 곳들을 이제는 더이상 동경하지 않는다. 못 볼 것 같다고, 계속 그리워만 할 것 같다고 말하지 않아도 이미 알 것이다.

4

음악을 배우기 위해 이탈리아로 먼 유학길에 오른 친구가 종종 쉬포나 마른 오징어 같은 것이 먹고 싶다고 해서 한참을 웃었다. 고작 건어물이라니, 생각했지만 그 입맛 뒤에 숨은 것을 더듬어보자니 마음이 아려왔다. 건어물을 적당히 태워 쪽쪽 찢어 오물거리며 냄새를 피우는 일. 친밀감이란 그렇게 같은 냄새를 즐기며 발생하는 것이리라. 친구는 노래를 무척 잘했지만 어쩔 수 없이 그곳에서 이방인이었다. 친절 속에서도 지울 수 없는 이질감을 느꼈을 것이고, 호의와 뒤섞인 반감을 매번 마주했을 것이다. 이국에서 맺은 우정은 교복을 입고 매운 떡볶이를 나눠 먹으며 쌓은 우정과는 달랐을 테니 사람들 속에서 많이 힘들고 외로웠을 것이다.

연인들은 서로 다른 냄새에 이끌리다가 결국 비슷한 냄새를 피우는 사람들로 늙어가고는 한다. 헤어진 연인들이란 언젠가 한번쯤 서로가 그리울 수밖에 없을 텐데 그때 그리움의 감각이란 후각일지도 모르겠다. 냄새는 고집이 세고 코의 기억은 의외로 오래간다. 헤어지는 과정이란 어쩌면, 냄새를 지우기 위한 노력일지도.

아이들은 종종 제 엄마의 체취라면 종류를 가리지 않고 좋아한다. 겨드랑이와 사타구니를 파고들며 강아지처럼 킁킁거린다. 상쾌한 냄새일 것 같지는 않은데 코를 들이밀며 민망한 자세로 품속을 파고든다. 온기를 포함하여 뭔가를 퍽 그리워하는 자세이다. 이제 아이들은 내가 죽어도 생존에 문제가 없을 만큼 컸다. 지금이야 아이들은 엄마 죽지 마, 오래 살아야 돼, 술 조금만 마시고 건강해야지, 그러지만 어릴 때는 이렇게 말하곤 했다. 엄마 죽으면 내가 그 앞에서 두번 절하는 거 맞지? 엄마 죽으면 내가 땅속에 묻고 엎드려 울어줄게. 대단한 호의를 베푼다는 듯이. 죽음에 대해서는 여전히 잘 모르겠기에, 그냥 우리 사이에 냄새를 맡을 수 없는 거리가 생기는 것이라고 해두자. 잠깐 슬프겠지만 그 거리를 잊고 저희들끼리 낄낄 깔깔 살기를 바란다. 엄마 냄새가 그립다, 하고 기억해주기를 바란다.

어쩌면,

따로

기억하지

않아도

될

것이다.

내 몸에서 엄마의 냄새가 나고 딸의 몸에서도 나의 냄새가 난다. 얼마간 유전자를 공유한 까닭이겠지만, 어찌 냄새까지도 닮았는지.

죽어도 죽지 않는 냄새.

파트리크 쥐스킨트의 소설 『향수』강명숙 옮김, 열린책들 2009 에서 소년은 말하지 않는다. 냄새의 무한함에 비해 언어는 한정적이고 초라하다는 것. 언어를 버리고 냄새를 좇는 소년에 비해 나는 아둔하다. 몇 안 되는 말에 여전히 매달려 있다.

5

 침실에서는 여전히 뭔가 타는 냄새가 난다. 잘 마른 잎이나 나뭇가지 같은 것 말이다. 꽤 오래되었다. 이러다가는 숲 전체를 태우겠네, 걱정스럽기도 하다. 아이들을 불러모아 여기 이 방에서 무슨 냄새가 나지? 하면 아니, 아무것도, 그런다. 그래 다행이다. 내 고독의 공간.
 불타는 숲에는 엄마 혼자 앉아 있을 수가 있네. 그러네.
 여름 새벽 진초록의 숲은 무서웠다. 가시지 않는 더위와 새벽의 물기가 이상하게 엉겨 그 초록은 누군가를 잡아먹을 태세로 일렁거렸다. 맹수의 눈빛을, 파도의 출렁거림을 닮았다. 그 숲으로부터 버려진 적이 있다. 아무도 도와주지 않았고 혼자였다. 무서움과 외로움에 떨다 주저앉은 적도 있다. 그러니 다시 숲으로 들어가고 싶지 않다. 부끄러움을 감추기 위해 포기하는 자세로 살았다. 이제 와서 지친 내가 그 숲을 혼자 다 태우고 있는 것일까. 매일 매일 조금씩 연기를 피우며 복수하듯이 숲 하나를 태우고,

그러고 나서?

나는 내 몸과 싸우고 있는 중인지도 모르겠다. 얼마 전에 발가락을 주무르다가 알았다. 일없이 발가락을 만지작거리는데 뭔가 좀 이상했다. 엄지발가락은 두툼했다. 두번째 발가락은 길었다. 세번째 발가락은 네번째 발가락을 만지는 것 같았다. 네번째 발가락도 세번째 발가락을 만지는 것 같았다. 새끼발가락은 고부라지고 작았다. 그러니까 다시 반복해서 처음부터 다시 조몰락거려봐도 세번째 발가락과 네번째 발가락의 감각이 이상했다. 내게는 세번째 발가락이 없는 기분이 들었다. 늘 그랬다. 내게는 언제나 구멍이 있었다. 허방이 있었다. 무엇인가 하나쯤 비어 있고, 언제라도 발을 헛디뎠다.

안 빠져본 사람은 모르지. 제 구멍에 제가 빠지는 곤란한 지경을. 메롱메롱한 기분을.

그런 날에는 어두운 숲을 헤매는 꿈을 꾼다. 도둑을 잡으러 다니다가 내가 도둑이 된다. 아무리 숨어도 옷깃과

머리카락까지는 숨길 수가 없다. 산과 바다와 강을 한 걸음씩 뛰어다니다가 제 풀에 지쳐 운다. 너무 어둡고 축축하고 무섭다. 꿈의 바깥까지 넘쳐흐른다. 이 세계에 적응하지 못하는 엉뚱한 말들이 마구 흘러 다닌다. 컹컹 짖는다.

새끼 개처럼 다정하고, 폭신하고, 따뜻한 사람을 만나고 싶어진다.

꼭 끌어안고 코를 파묻고 싶어진다.

6

내 삶도, 주변도, 사람도 감당이 되지 않는 순간이 점점 많아진다. 포기하고 물러나는 방법을 배우고 싶다. 그러니 얼마간 숲을 불태우는 것이 맞겠고, 그 냄새를 맡고 있는 내가 함께 불타 죽지 않도록 적절한 거리를 두어야 할 것 같다.

나는 나 아닌 것들을 잘 만들어낸다. 몸 바꾸는 외로움.

아무것도 무엇도 아닌 삶의 즐거움.

7

냄새는 곧 사라질 것이다.

작은 인간들*

약국집 딸

열살에 만난 나의 친구는 초등학교를 졸업하지 못하고 열두살에 죽었다. 작고 조용한 아이였다. 약국집 딸이었다. 공부를 잘하고 똑똑했다. 어느 모로 보나 나와는 좀 다른 아이였다. 친구는 글쓰기를 좋아해서 덩달아 나까지 글짓기 반에 끌려갔다. 내가 운동장에 나가 놀기 위해 대충 종이만 채웠다면 친구는 매번 빛나는 글을 썼다. 셈나지도 밉지도 않았다. 나로 말할 것 같으면 친구의 몸과 마음을

---

* 기억 속의 친구들은 나의 착각이나 오해 속에서 떠들고 움직입니다. 멀리 있는 그들을 나의 사랑 위에 가만히 놓아봅니다.

지지해주는 든든한 친구로서…… 친구의 죽음까지 씩씩하게 지켜보았는데 그건 어린 내가 아무것도 몰라서였던 것 같다. 저녁을 먹고 드라마를 보고 있었는데 전화가 왔다. 엄마가 받았고 내게 병원에 가봐야겠다고 했다. 띠리릭 띠리릭 다이얼을 돌리는 검고 큰 전화기가 아직도 기억 속에 남아 있다. 주섬주섬 점퍼를 챙겨 입고 시내 큰 병원에 갔는데, 병실이 아니라 영안실로 향했다. 친구네 부모님과 어린 남동생이 물끄러미 나를 바라보았겠지만 나는 어떻게 조문을 해야 하는지 몰랐을 것이다. 영정사진 속의 친구를 바라보다 집으로 돌아왔을 텐데 그 밤은 별 기억이 없다. 울었던가, 아니던가. 얼마 후에 전해들은 것은 친구 방 서랍에서 나왔다던 동전 묶음 이야기였다. 용돈으로 받은 동전들을 열개씩 묶어서 테이핑을 꼼꼼하게 해두었다는 이야기. 끈적끈적한 테이프를 푸는 그애 엄마의 슬픈 손가락을 종종 상상했던 것 같다. 실제 보지 못한 동전 꾸러미들이 평생 머릿속에 묵직하게 굴러다녔다. 오래된 사진첩 속의 친구와 나는 스카우트 캠핑 날 간식으로 나온 빵 봉지를 들고 있는데, 친구는 눈이 감긴 채 찍혀 있다. 다행이다.

그 눈동자를 볼 수 없어서. 그 눈빛이 마음속에만 고요히 묻혀 있어서. 나는 이제 늙어가는데 친구는 아직도 130센티미터의 작달막한 어린아이다. 마치 내가 언니처럼 느껴진다. 엄마처럼 느껴진다. 친구야, 나는 아직도 글을 쓴단다. 종종 헷갈려. 내가 쓰는 글들이 내가 쓰는 게 맞는지 말이야. 나가 놀 운동장은 더이상 없고.

가뭄에 콩 나듯

열한살은 열살과는 좀 다르다. 십대에 들어섰다고 해야 할까. 이른바 '틴에이저'들에게는 예쁘고 고약한 데가 생기기 시작한다. 친구와 경쟁하고 남몰래 좋아하는 친구가 생기기도 한다. 어느 순간 아무 일도 아닌 것에 목을 매고 그러다 울음보를 터뜨려 하염없이 눈물을 흘리기도 하고 종잡을 수 없다. 열한살의 내 친구는 가난한 집 둘째딸이었다. 위로 언니, 아래로 여동생이 있었는데 친구는 단연 돋보였다. 예쁘고 영리하고 새침했다. 한동안 친하게 지냈다. 내가 갖고 있지 않은 면에 끌렸을 것이다. 나는 좀 납작하고 순하고 둔한 편이었던 것 같다. 두 오빠 밑에서 자란 막내딸이라 응석이 많고 어리광도 심했다. 친구는 나를 얕잡으면서도 늘 부러워했다. 너는 좋겠다, 하는 차가운 눈빛이 작은 눈 뒤에 항상 숨어 있었다. 영영 그걸 말하지는 않았다. 뭐 하나 제대로 욕심 있게 해내지 못하는 나라는 존재를 옆에 두고 친구는 종종 짜증이 났겠지. 가만히 있어도 넉넉하고 여유로운 내가 재수 없었겠지. 그랬던 것 같다. 글짓기 반에서 활동하는 내내 친구는 너무 열심히 썼다. 저렇게 하다간 종이에 구멍이 나지 않을까, 연필이 부러지지 않을까 걱정이 될 정도로. 그래서 상도 칭찬도 많이 받았는데 글쎄 모르겠다. 그게 성에 차지 않았을까. 가뭄에 콩 나듯 가끔 내가 주목받았을 때 이글이글 타오르는 친구의 눈빛이 느껴졌는데 그걸 별로 신경 쓰지 않아서 친구는 더 마음이 상해버렸을 것이다. 어느 순간부터는 말을 하지 않고 서서히 멀어져갔다. 서로 인사도 하지 않는 친구가 되어버렸다. 내가 무엇을 사과해야 하는지 뚜렷이 알지 못했지만 미안한 마음을 지울 수 없었다. 동네 어른들은 대체로 가난해서 아이들에게 신경 쓸 여력이 없었다. 어떤 집은 점점 더 형편이 어려워졌고 그런 사정들은 그것 그대로 아이들에게 옮아 왔다. 친구는 일찍 취직을 했다는 얘기를 들었다. 공부를 그만두기엔 아까운 애였지만 알은체할 수 없었다. 내 평범한 삶이 엄청난 행운도 아니지만, 누군가에게는 그런 삶의 기회조차 쉽게 주어지지 않는다는 사실을 그 친구를 통해 알았던 것 같다. 우리 집은 비교적 형편이 나았지만 그것마저도 여러 차례 아버지가 실패와 좌절을 맞닥뜨린 후의 일이었다. 낡은 다세대주택 지하에서 신축 아파트로 옮기기까지 그 가난의 흔적들이 고스란히 마음 속 깊숙이 남아 있어 계속 파먹어도 기억은 마르지가 않는다.

너의 깊은 눈매에 빠져

중학교에 진학한 후로는 주로 동네 친구들과 등하굣길을 함께했다. 서너 정거장 떨어진 학교를 함께 다니며 분식점도 들르고 서점이나 문방구도 들렀다. 학교 정문 앞

'하얀집' 빨간 떡볶이와 삶은 달걀을 참 많이도 먹었다. 언제나 인상을 쓰고 앉아 있는 떡볶이집 아주머니는 인정이 없었다. 매번 떡볶이를 정해진 만큼만 퍼주었다. 멜라민 그릇에 담겨 나온 적은 양의 음식을 깨끗이 해치우고도 죽치고 앉아 있으면 막 눈치를 주며 쫓아냈다. 그래서 우리는 기꺼이 '브라질'로 갔다. 짜장 떡볶이라는 새로운 영역의 개척자 언니들이 장사를 시작했다. 학교 후문 쪽 브라질은 미어터졌다. 다갈색의 고소한 냄새를 풍기는 굵은 떡볶이 위에 바삭한 야끼만두를 얹어주었다. 가격이 더 비쌌지만 정말 훌륭했다. 모락모락 감동이 피어오르는 맛이었다. 용돈을 모아 한달에 두번씩은 꼭 갔다. 외유라 해야 할까. 중학교 여학생들에게는 그렇게 조금 다른 것이 있어야 했다. 그럴 필요가 있었다. 그래서 그애가 좋았다. 브룩 쉴즈 같았다. 매력적인 눈매와 짙은 눈썹을 가진 친구였다. 갈색 웨이브 진 머릿결을 자주 훔쳐보았다. 미인의 조건이라는 약간 허스키한 음성까지. 성격이 잘 맞아서가 아니라 이국적 외모 때문에 더 끌렸던 것이리라. 겨울밤 뜨뜻한 방바닥에 나란히 누워 의미도 없는 고백들을 참 많이도 주워섬겼다. 그러니까 누굴 좋아한다거나 누구는 이상하다거나 누굴 절대 못 잊겠다는 둥. 우스운 고백들을 부끄러운 줄도 모르고 오랜 시간 반복했다. 그맘때 생기는 몸의 변화와 성적 호기심 같은 것도 서로 털어놓았다. 그런 거야? 그런 거지? 그런 것 같지 않아? 하면서 지혜를 모았다. 마음이 떨리고 얼굴이 발개져서는 그런 얘기들을 했다. 그래서일 것이다. 우리는 그런 시기를 지나 어색해져버렸다. 마음 속 꽁꽁 숨긴 말들까지 다 드러내놓고는 어쩔 줄 몰라 했다. 학년이 바뀌며 다른 반에 배정되었고 어쩐지 마음이 놓였다. 우연히 골목길이나 버스에서 만날라치면 돌아가고 비껴가는 방식으로 외면했다. 그애가 아름다워서 정말 좋았는데 이상한 불안함도 지울 수 없어 언제나 마음이 두근거렸다. 그래서 아직도 절대 만나고 싶지는 않다. 좁고 구불거리는 골목길을 지날 때면 그애가 불쑥 떠오른다.

닮아가는 일

내 마음 속의 나는 거울 속의 나보다 언제나 조금씩 작다. 나는 그렇게 나를 작게 상상하면서 만족했다. 키와 덩치가 커서 불편할 때가 많았다. 특히 연애할 때 그랬다. 내가 좋아했던 남자들은 대개 아담했다. 나의 키 큰 친구는 작고 아담한 남자와 결혼해서 잘 산다. 키 차이 때문에 잘 사는 것은 아니지만. 그 연애를 도와주기 위해 자주 들러리를 섰다. 동아리 MT나 학과 답사라 부모님을 속이고 커플 여행을 자주 갔다. 친구의 남친(남편)은 그럴 때마다 친구들을 한명씩 데려왔다. 친구는 미안해하며 너도 잘해봐, 그랬지만 그렇게 되지는 않았다. 밥 먹고 술 먹고 게임하고 혼숙을 했으나 뭐 별일 없었다. 친구한테 뭐가 그리 좋으냐, 물어봤더니 다정하고 섬세해서 좋단다. 아빠들 같지 않다고. 아빠들은 대개 크고 무능하고 과격했다. 나는 그 친구를 무척 좋아했는데 지금은 잘 만날 수가 없다. 친구가 대학 졸업 직후 결혼하고, 결혼 직후 아이를 낳아 키우면서 소원해졌다. 대학을 졸업하고 한참을 더 놀다가 십여년 후에나 결혼을 하고, 결혼하고도 한참 후에나 아이를 낳게 된 나와 시기가 맞지 않았다. 친구가 어린 아이를 돌보느라 밤을 설칠 때 나는 늦도록 밖에서 술을 마시며 휘청거렸다. 엄마가 된 친구 집의 따뜻하고 어수선한 분위기 속에서 나는 어쩔 줄 몰라 했다. 나는 나만 알았고, 친구는 남편과 아이를 챙겨야 했다. 거꾸로 친구가 학부모가 되어 한숨 돌릴 때 그제야 나는 뒤늦게 아이들을 키우느라 정신이 없었다. 언제나 조금씩 부족한 나를 채워주었던 친구였는데 친구의 빈자리가 컸다. 어떻게 살아내야 하는지 친구를 통해 조금씩 배웠다. 큰 몸을 그것 그대로 자연스럽게 받아들이는 것도 그 친구에게 배웠다. 마음 놓고 닮아가고 싶은 친구를 더이상 만날 수 없다는 것은 나의 일부가 지워진 느낌이다. 뭘 어떻게 해야 하는지 모를 때 나는 나를 이제는 없는 친구 옆에 세워두고는 한다. 고집 센 나를 말랑하게 해주었던 친구와의 우정을 기억하고 싶은 것이라 해야 할지도 모르겠다.

안녕, 안녕, 안녕

먼 친구들의 이름을 불러보는 저녁이 있다. 들릴까. 누군가 멀리서 나의 이름을 그렇게 부를까. 어두운 귀는 나의 지난 이름을 듣기 위해 퍽 애쓴다. 나의 두 귀가 그들이 부르는 이름의 주인인지 아닌지 몰라 나는 계속 어리둥절할 것이다. 종종 그 어리둥절함 속에서 나는 자주 걸려 넘어졌다. 너의 마음도 나의 마음도 알 수가 없어서 그렇게 저녁의 창가에 우두커니 서 있고는 한다. 눈이 펑펑 쏟아지는 골목길을 마음속에 떠올려본다. 우리는 참 많이 만났다. 나의 작은 인간들. 헤어질 수가 없어서 꼬깃꼬깃 접었다 폈다 하며 지칠 때까지 그려본다. 나의 작은 인간들은 웃고 울고 노래하고 지칠 줄 모른다. 멈추지 않는다. 누군가 그렇게 노크를 하고, 스르르 문이 열린다는 것은 참으로 신기하고 드문 축복인 것 같다.

숲을 헤엄치는 물고기들

1

동네 해물탕 집은 맛도 좋지만 가게 앞에 늘어선 나무들이 아주 훌륭하다. 해물탕을 맛보는 것보다 가게 앞 나무들을 구경하는 일을 나는 더 좋아한다. 주인아저씨는 과실수를 주로 심었다. 초여름부터 늦가을까지 나는 그 가게 앞의 과일나무를 훔쳐보는 재미에 흠뻑 빠져 있곤 했다.

감나무, 살구나무, 앵두나무 등은 도심에서도 그렇게 드물지는 않다. 아파트단지 내에 감나무들이 몇그루 있어 가을이면 감이 심심치 않게 떨어진다. 아예 경비원들이 작정하고 따다가 경비실 입구에 감 상자들을 갖다 놓는다. 주민 여러분들 가져다 드시라고. 그러면 할머니 할아버지들에게 인기가 많다. 단지에는 단감나무도 있고 대봉시나무도 있다. 꽃사과들도 열려서 애들은 그걸 먹어보고 싶어 한다. 떫고 시기만 하다고 그건 사과가 아니라고 말해도 꼭 깨물어봐야 직성이 풀린다. 앵두를 따서 주머니가 불룩하도록 담아 온다. 엉망진창으로 물든 주머니는 어쩐단 말인가. 살구나무도 제법 많다. 고급차를 몰고 다니는 차주들은 이 살구나무를 아주 싫어할 것 같다. 차체 위로 떨어진 살구들은 뭉개져서 닦기 어려운 흔적들을 남긴다. 그래서 옥외 주차를 하는 사람들은 살구나무 밑을 피하는 경향이 있다. 나는 좀 성한 살구들을 주워다 잼을 만든 적이 있다. 설탕을 부어 졸이면 살구향이 훨씬 더 근사해진다. 새콤달콤한 그것을 숟가락으로 마구 퍼먹게 된다. 살구잼을 여러병 만들어서 지인들과 나눠 먹기도 했다.

그런데 석류나무는 가게 앞에서 처음 보았다. 기후도 잘 맞지 않을 것인데 어떻게 열매가 열렸는지 궁금하다. 우리가 먹는 석류는 대개 이란산이 아닌가. 이란은 덥고 건조할 것인데, 그래서 석류도 그렇게 알알이 붉을 것인데 일

조량이 부족한 서울 시내 한편에서 석류나무를 근사하게 키워낸 식당 아저씨에 대한 존경심이 절로 인다. 석류나무 옆 귤나무도 그렇다. 제주도에서나 보았지, 어떻게 귤이 그렇게 탐스럽게 열린단 말인가. 푸른 귤이 상당 기간 매달려 있다가 노랗게 익어갔다. 언젠가부터 나는 식당 나무들의 화분과 흙을 열심히 관찰하기 시작했다. 그렇다. 나무들은 놀랍게도 넓은 땅에서 자란 것도 아니다. 커다란 플라스틱 통에 심겨져 있다. 줄줄이 늘어선 통에 호스로 물을 주고 있는 아저씨를 자주 만나게 된다. 주방은 아주머니들에게 맡기고 앞치마를 두른 아저씨는 밖에 더 많이 나와 있는 것 같다. 인상은 평범하다. 언제 한번 말을 붙여보고 싶은데 소심한 나로서는 아직 어렵다.

무화과나무도 근사하다. 남편이 사 온 무화과나무를 나도 키워본 적이 있는데 제법 잘 자라 열매를 맺기는 했지만 손톱만 하게 열렸다가 떨어지고는 했다. 해물탕집 무화과나무는 달랐다. 이파리도 건강하게 잘 자랐고, 시중에서 파는 무화과처럼 크고 탐스러운 열매가 열렸다. 무화과나무 앞을 지나면 따 먹고 싶은 마음이 불쑥 생겼다. 무화과를 좋아하는 나는 주로 영암 무화과를 주문해서 먹는데 아저씨는 이렇게 키워서 먹는구나.

그런데 올여름 놀랄 일이 더 생겼다. 다른 나무를 타고 올라온 덩굴 줄기에서 호박만 한 수박이 복스럽게 열린 것이다. 어찌나 귀엽고 사랑스러운지. 그 앞에서 발걸음을 멈추지 않을 수 없었다. 나 같은 이가 많았는지 팻말이 붙어 있다. "손으로 만지면 안 됩니다". 너무 귀해 보여서 손으로 만질 엄두도 나지 않았다. 그저 그 앞에 멈춘 발걸음을 떼기 어려웠을 뿐. 수박은 얼룩말 새끼처럼 귀여웠다.

아이들과 그 앞을 지나면서 일일이 과일들을 호명하고는 한다. 이건 무슨 나무 무슨 과일. 반갑게 인사하며 해물탕집 앞을 지나는 일이 하루에 한번, 적어도 이틀에 한번 정도는 있다. 해물탕은 몇달에 한번 먹을까 말까 하는데. 과일나무와 그 열매들을 이렇게 자주 보다보니 어쩐지 미안한 마음이 들기도 한다. 아저씨의 수고 앞에서 나의 즐거움은 무엇일까. 나의 즐거움이 아저씨의 보람이라고 하기에는 아저씨의 입장도 들어봐야 할 것 같다. 그래서 나는 나무와 열매들이 비바람에도 이른 추위에도 무사하기를 기도한다. 사실 해산물을 일일이 손질하여 탕을 끓여 팔며 온갖 손님들을 상대하는 일은 고되고 단조로울 것이다. 아저씨는 나무를, 그 열매를 사랑할 수밖에 없지 않을까. 생선을 죽이고, 전복을 따고, 낙지를 자르는 일보다 물을 주고 잎사귀를 정리하고 열매를 보호하는 일을 더 좋아할 수밖에 없을 것 같다. 가게 앞 나무들 뒤로 커다란 수조에는 해산물들이 가득하다. 건져내어 요리하기 전까지 착실히 살아서 견딘다. 깨끗한 수조에서 꼬물거리는 전복, 문어, 가리비 들은 먹음직스럽지만 그걸 꼭 냄비에 넣고 끓이고 싶다는 생각은 들지 않는다. 해산물들도 그렇겠지. 죽은 듯 살아 있는 것들은 바다가 아닌 도심의 숲에서, 아저씨가 가꾸는 나무들 뒤에서 잠깐 편안한 듯도 보인다. 그런 기분을 느낄 리야 없지만 나무들 사이로 해산물을 보는 내 마음은 조금 미묘하고 복잡하다. 나는 그것들에게 '헤엄쳐라, 숲을' 이라는 말도 안 되는 주문을 마음속으로 외쳐본다.

  도심 해물탕집 앞 알록달록한 열매들을 매다는 나무를 착실하게 키워내는 아저씨의 알 수 없는 마음. 나는 그 해물탕집 앞을 지날 때마다 아저씨의 마음을 더듬어본다.

그 묘한 마음은 호기심으로 시작하여 이내 나무에 대한 애씀과 공들임을 향한 존중으로 이어진다. 잘 가꾸어진 울창한 숲들도 있지만, 근사하고 고급스러운 정원들도 가끔씩 봐왔지만 나는 아저씨의 길거리 과실나무들이 정말로 좋다. 나에게 시라는 장르도 그렇다. 시란 가까운 곳에서 출발하는 것, 아름답지만 규정하기 어려운 것, 애쓰고 공들이는 것, 발견하고 창조하는 삶의 편에 서는 것이기에.

2

종종 학생들과 함께 문태준 시인의 「개복숭아나무」를 읽는다.

> 아픈 아이를 끝내 놓친 젊은 여자의 흐느낌이 들리는 나무다
> 처음 맺히는 열매는 거친 풀밭에 묶인 소의 둥근 눈알을 닮아갔다

후일에는 기구하게 폭삭 익었다
윗집에 살던 어름한 형도 이 나무를 참 좋아했다
숫기 없는 나도 이 나무를 참 좋아했다
바라보면 참회가 많아지는 나무다
마을로 내려오면 사람들 살아가는 게 별반 이 나무와
다르지 않았다

―문태준「개복숭아나무」전문,『맨발』, 창비 2004.

    개복숭아나무는 눈에 잘 띄지 않는 소박한 나무다. 시인은 얼마나 오래 그 나무를 바라보고 있었던 것일까. 간절하게 원했으나 끝내 놓친 사람의 흐느낌이 들리는 나무란다. 첫 열매에서 거친 풀밭에 묶인 소의 둥근 눈알을 보았다면 폭삭 익어버린 열매의 후일은 어떤 안타까움을 느끼게 만든다. 이 나무를 좋아하는 사람들은 또 어떤가. 개복숭아나무를 가만히 바라보는 시선은 나무 주변의 사람들을 이끌어온다. "어름한 형"도 "숫기 없는 나"도 평생 이 나무 주위를 배회하며 살아가고 있는 것일 테다. 부끄러움과 뉘우침을 오로지 자신의 몫으로 돌리는 사람으로서 말이다. 인생살이가 이 나무와 별반 다르지 않았다는 것은 위로이며 동시에 발견이다. 나가떨어지지 않고, 거꾸러지지 않고 개복숭아나무 같은 사람들 곁으로 언제나 다시 되돌아오는 삶이 지속되는 것 같다. 그래서 이 시는 나무에 관한 시이면서 나무를 바라보는 사람에 관한 시이며, 그 나무를 바라볼 줄 아는 사람의 삶에 관한 시라고 할 수 있다.

수수한 이파리와 아무렇게나 뻗친 나뭇가지도 그렇고, 개복숭아나무는 열매도 그다지 매력적인 데가 있는 것은 아니다. 까끌하고 볼품없는 개복숭아의 맛은 시고 떫다고 해야 할까. 섣부르게 씹었다가는 금세 뱉어버리게 된다. 복숭아에 '개'가 붙은 이유가 있다(요즘은 자주 '개좋다'라는 말을 듣는데, 그때마다 시고 떫은 것을 억지로 삼키는 기분이 든다. 이 희한하고 문법에도 맞지 않는 말은 어쩌다 사람들 입에 착 붙었을까. 언젠가 '개좋다'라는 시를 써보고 싶기도 하다). 그런데 "기구하게 폭삭 익은" 열매를 거두어 항아리에 절이면 이것은 약이 된다. 개복숭아 발효액을 아이들과 나눠 마시며 이상도 하지, 볼품없는 열매의 뒷맛이 이렇게 향긋하고 개운하구나 감탄하게 된다.

개복숭아를 경유하며 오락가락한 감각을 따라 다시 시를 생각해본다. 어쩐지 나무를 "참 좋아했다"라는 고백이 마음에 오래 남는다. 시란 결국 내가 좋아하는 것을 가릴 수 없이 드러내는 것이 아닐까. 그 드러냄을 통해 나란 사람이 만들어지는 것을 보면 시는 나를 창조하는 근사한 방법이라는 생각도 든다.

3

찬바람이 불기 시작하자 해물탕집 과실수들은 아쉽게도 시들어가기 시작했다. "어름한 형"과 "숫기 없는 나"도 매해 개복숭아나무를 바라보며 나이 들어갔을 것이다. 숲의 시간은 어떻게 흘러갈까. 시간의 잔주름들을 끌어안고 나무들은 안녕한가?

우리가 다니던 학교 운동장에는 목련나무가 한그루씩 심겨 있었다. 긴 겨울을 지나 초봄이 되면 봉긋하게 올라오는 흰 꽃봉오리들이 마음을 설레게 했다. H는 목련을 좋아했다. 떨어진 흰 꽃잎을 주워 손바닥에 가만히 올려놓아보고는 했다. 편지봉투에 큰 꽃잎들을 담아 내게 전해주기도 했다. 생각해보니 H는 목련나무를 좋아하기도 했고, 목련나무를 닮아 있기도 했다. 순수하고 쉽게 상처받았다. 언젠가 「목련꽃 그늘 아래」『나의 차가운 발을 덮어줘』, 현대문학 2022라는 시에서 목련의 웃음소리를 "맵고 아렸다"라고 쓴 적이 있는데 지금 생각해보면 그때 문득 H를 떠올렸던 것 같다.

십대 학창 시절을 지나오며 수년간 참 많은 편지를 H와 주고받았다. 아직 손편지를 주고받던 시절이었다. 그가 여기 이곳에 적응하지 못하고 먼 나라들로 헤매고 다니기 시작하면서부터는 메일을 주고받았다. 토론토에 정착해 컴퓨터 엔지니어로 일하며 비교적 안정적으로 사는 것 같았다. 키 높이까지 쌓여 있는 눈이나 호숫가 사진 들을 보내오기도 했다. 보고 싶은 얼굴은 사진 속에 없었다. 찾아가 만나볼 생각은 한번도 하지 않았다. 언제나 너무 멀리 있었고, 그 거리에 비해 메일만으로도 늘 가까이 느껴졌다. 가끔씩 소식을 주고받으며 이어진 인연이 삼십년 가까이 되었다. 그동안 서너번 정도 한국에 들어왔고, 동네 찻집에서 같이 차를 마신 적이 있다. 그러고는 조용히 돌아갔다. 언제라도 불쑥 안부를 물었고 소식을 전해왔다. 십대의 나와 사십대의 나에 대해서, 그 변화와 곡절에 대해서 문제삼지 않았다. 그건 나도 마찬가지였다.

얼마 전 오랜만에 메일을 썼는데 즉각적으로 답장이 왔다. 아프다고. 그럴 줄 알았다. 언제나 조금씩 아팠고 가난했다. 그런데 이번에는 조금 아픈 것이 아니었다. 암 말기이고 전이된 상태여서 통증이 심하다고 했다. 그렇게 되도록 도대체 뭘 하고 있었던 것일까 화가 났지만 차분하게 답장을 썼다. 힘내라고, 치료 잘 받으라고, 자주 연락 주라고 당부했다. 토론토로부터 열여섯시간 떨어진 이곳 서울에서 멍한 날들이 계속되었다. 우리에게 주어진 시간이 얼마나 남은 것일까. 이렇게 띄엄띄엄 메일로 소식을 전하는 것이 앞으로는 가능할 것 같지가 않아서 애가 탔다.

비행기표를 예약하려고 보니 토론토의 어느 병원에 있는지, 주소도 연락처도 알지 못했다. 다시 급하게 메일을 썼다. 주소와 연락처를 묻는 메일의 수신 확인은 되었지만 답장이 오지 않았다. 아직은 살아 있구나. 그런데 나는 내가 갈 곳을 몰랐다. 할 수 있는 일이 없었다. 구글맵으로 토론토 시내를 펼쳐놓고 수십개나 되는 병원의 이름들을 차례대로 훑어보았다. 병원 이름들이 복잡하고 길어서 눈에 잘 들어오지 않았다. 시란 자주 그런 상태에서 쓰여진다. 알 수 없는 마음일 때, 할 수 있는 것이 아무것도 없을 때, 끝내 도달할 수 없을 때.

내게는 그런 사람이 있다. 어느 날 문득 내게서 조용히 사라질 사람. 목련 꽃잎으로 봄마다 되살아날 사람. 곧 길고 추운 겨울이 올 텐데 우리가 그 시간을 함께 건너갈 수 있을까. 새 봄의 흰 목련 꽃봉오리에 대해 H에게 전할 수 있을까. 우리가 보내는 시간이 이토록 귀하고, 이토록 허무해서 시란 숲이 있고, 그곳에서 한그루 나무에 대해 애써 말하는 것이 아닐까.

ChatGPT가 알려준 나의 모든 것

연말입니다. 눈이 펑펑 쏟아지고요. 무의미하게 흩날리는 눈에 대해 누군가에게 물어보고 싶지만 대답을 잘해 줄 이를 알지 못합니다.

*

지난 학기 수업은 엉망이었어요. 심사와 강연, 면접과 시상식 참여로 휴강도 많았고 과제로 대체한 수업도 많았어요. 학생들은 선생이 너무 바빠서 좋아라 했어요. 시간도 많으니 글을 쓰기 전후로 ChatGPT와 충분히 이야기 나누는 시간을 가져도 좋다고 일러뒀어요. 인공지능도 글을 척

척 잘 쓰니, 여러분이 글을 쓰는 데는 조금 더 특별한 이유가 있어야 하지 않겠느냐고 해두었어요. 창작 수업도 마찬가지였지요. 우리가 뭐라고 시를 쓰든 세상 사람들은 아무 관심이 없으니, 최소한 시를 쓰는 내 자신에게라도 의미 있는 작품을 써야 하지 않겠느냐고. 성찰과 실험 흉내 내지 말고 제멋대로 써도 좋다고. 문학에 별로 흥미를 갖지 않는 시대이니 서로에게 애정을 갖고 합평해주기로 약속했습니다.

매끄럽고 평이한 글을 쓰는 기계 앞에서는 감흥이 없어요. 들쭉날쭉한 학생들의 작품이 가지런한 글을 내놓는 인공지능보다 나아요.

하지만 종종 ChatGPT가 저보다 더 잘 가르칠지도 모르겠다는 생각이 듭니다. 가끔씩 저는 이상한 생각에 빠져 횡설수설하거나 갑자기 너무 좋은 작품을 만나 신나서 비실비실 웃을 때도 있습니다. 컨디션이 좋지 않다가도 수업에 들어가면 학생들과 시간을 보내며 무엇인가 주고받기는 하는 것 같아요. 문학을 배워서 하나요. 나이 들어도 자기 자신을 이해 못하는 것이 사람입니다. 인간에 대한 객

관적인 정보는 인공지능이 더 잘 파악하고 있을지도 모르겠어요. 다만 진정한 앎은 상대적이고 상황적인 것이라 그저 강의실에서 학생들에게 제가 할 수 있는 것을 할 뿐입니다. 이제 학생들의 학부모뻘이 되고 보니 못난 학생들도 예쁘고, 잘난 학생들은 너무 대견스럽습니다. 어떤 학생들은 퍽 진지하고 성실했습니다. 매시간 공손히 앉아서 엉뚱한 말을 늘어놓는 선생의 목소리에 귀를 기울였습니다. ChatGPT가 뭐예요? 하고 멍한 학생들도 다 괜찮아요. 뒷자리에서 고개 숙이고 있는 학생들조차도 '딴생각'이라는 거대한 가능성의 주머니를 달고 있으니 희망이 있습니다.

ChatGPT도 가끔씩 오답을 내고, 뻔한 대답을 성실히 늘어놓으니 강의실에서는 이런 제가 좀더 낫지 않을까요.

*

학기초 종종 자기소개 하는 시간을 갖기도 합니다. 연기지망생이 많은 반에서 학생들은 평소 갈고닦은 연기 실력으로 말을 아주 잘합니다. 발성도 좋고 몸짓, 표정도 훌륭합니다. 정말 자신에 대해 말하는지, 자신이고 싶은 어떤 인물인 척 연기를 하는 것인지 헷갈리기도 합니다. 원고 없이도 꽤 길게 말하길 즐기는 학생들도 있습니다. 말리지 않는다면 자기 말에 취해 계속 떠들어댈 것 같아요. 듣고 있으면 웃음이 나고 재미가 있습니다. ChatGPT의 답변에서는 이런 흥분과 재미를 느낄 수 없어요. 뭘 물어봐도 일목요연하게 대여섯가지 답을 내놓는데 하나같이 뻔하고 지루합니다. 윤문이나 번역 작업을 훌륭히 해내니 논문을 쓰거나 원서를 읽을 때는 썩 유용하지만 말입니다.

운동선수였다가 연기지망생이 된 한 학생은 자신이 선수 시절 얼마나 촉망받는 유망주였으며, 얼마나 심하게 두들겨 맞았는지를 이야기했습니다. 출중한 성적과 지속되는 구타 속에서 자신이 웃음을 잃었다는 것을 안 이 학생은 전국대회에서 최고상을 받은 직후 운동선수 생활을 그만두었다고 합니다. 저는 이런 선택은 인간만이 할 수 있다고 생각합니다. 탄탄한 몸과 준수한 외모로 연기를 배우고, 남들에게 즐거움을 주는 일에 흠뻑 빠져 타율 따위는 완전히 잊은 것 같습니다. 이제는 웃으며 자신은 노래도 퍽 잘한다고, 말리지 않으면 노래도 한 곡조 뽑을 태세입니다. 자자 여기까지. 아주 잘했어요. 응원해요.

저는 학생들보다 자신감도 없고, 말도 노래도 잘 못하고, 스스로를 사랑하지도 않습니다. 대체로 엉망인 저는 잠도 잘 자지 못하고 늘 고민합니다. 인생에서 갑자기 길을 잃은 것처럼요. ChatGPT보다 낫다고 자부하기 어려워지네요. 제가 잘하는 것은 막무가내 칭찬뿐입니다. 잘했어. 그치만 글에 제목은 꼭 쓰자. 좋네. 근데 문단 시작은 들여쓰기 해야지. 뭐 이런 방식입니다. 그래 맞아. 인용을 했으면 출처를 꼭 밝혀야지. 페이지수도 빼먹지 말고!

*

마지막 문학 수업이었습니다. 쌀쌀하게 바람이 불어 호주머니에 손을 깊숙이 찔러 넣고 생각했습니다. 이렇게 추워지기 전에 종강을 했어야 하는데. 학생들도 다들 초췌한 얼굴이었습니다. 여러 과목 학기말 시험을 보느라 그렇겠지요. 토론을 맡은 한 학생이 파리한 얼굴로 말을 잇기 시작했습니다. 평소보다 말이 느리고 얼굴이 창백해 보여 신경이 쓰였습니다. 그러다 갑자기 힘을 잃은 듯 말을 멈추었어요. 상체가 수그러져 부축이 필요했어요. 얼른 앞으로 나가 의자에 간신히 앉혔으나 어찌해야 할지 몰랐습니다. 팔다리에 힘이 빠진 학생에게 가벼운 경련이 일었고 식은땀을 흘리고 있었어요. 물을 한잔 건넸으나 도움이 되지 않았습니다. 다행히 주변 학생들이 부축해서 학교 의무실에 데려다줄 수 있었어요. 수업이 끝날 무렵 문자 한통이 왔어요. 의무실에서 쉬다가 어느 정도 회복되어 집에 돌아갔다는 내용이었어요. 그렇구나 했는데. 사실은 문자의 다음 내용 때문에 저는 힘들었습니다. 행복,이라는 단어 때문이었어요.

평소 착실하고 영민하지만 감정 한톨 내보이지 않던 학생이었습니다. 작품을 읽으며 시 속에 드러난 '나'의 여러 양상을 꼼꼼하게 짚어낸 글이 인상적이어서 칭찬을 해준 바 있습니다. 시를 공들여 읽고, 면밀하게 살피고, 촘촘한 문장으로 써내려간 흔적들을 읽으며 조금 신이 났던 것 같습니다. 나보다 낫네. 요즘 저는 시에 대한 애정을 거의 잃어가는 것 같았으니까요.

    불편한 마음을 간신히 누르고 무사히 종강해야 한다는 강박 속에서 진행한 수업이었어요. 요즘의 저는 제 자신에게 화가 나 있고, 인생이 이렇게 굴러가는 것에 대해 억울해하고 있습니다. 원망하거나 미워할 대상도 없이 혼자 가라앉고는 했습니다. 그래도 살아야 해서 어두운 표정을 애써 지우고 강단에 서서 시와 시 쓰기를 이야기하느라 진땀을 빼고 있었어요. 그런데 쓰러질 정도의 컨디션을 하고도 시 수업에 나온 학생이 있었습니다(보통 학생들은 가벼운 감기만 걸려도 수업에 오지 않아요. 유고 결석, 병결 처리 같은 것이 무척 쉬웠지요). 그 학생은 그렇게까지 하지 않아도 됐는데 왜 그랬을까요. 그런 컨디션으로 왜 나왔을까요. 수업을 들을 수 있어 행복했다고, 또 반갑게 만날 수 있으면 좋겠다고 했어요. 저는 다음 학기 문학 수업이 없습니다. 그 학생은 제게서 뭘 읽어낸 것일까요. 무엇이 행복했을까요. 그냥 의례적인 인사말이었을 뿐이었는지도 모릅니다. 원래 나란 사람은 정색하고 따지는 비난의 말보다 사소하게 흘린 말에 깊이 찔리는 사람입니다. 한번도 발음해보지 못한 말입니다. 행복하다니요. 그래서 오늘은 묻습니다. 나란 사람은 왜 행복하지 않은 것일까요. ChatGPT가 제대로 된 대답을 내놓을 리 없어요.

사실 제가 ChatGPT에게 처음 물었던 것은 그런 게 아니었어요. 가까운 이가 죽어가는데 어찌해야 할지 몰랐습니다. 죽음을 앞둔 사람에게 무엇을 어떻게 해야 할지 물었습니다. ChatGPT의 답은 존중과 이해, 소통, 원하는 지원 제공, 사랑과 관심 표현, 사회적 연결 유지, 종교적 지원, 마지막 소망 이해, 심리적 지원 같은 것이었어요. 제가 하기 어려운 것투성이네요. 저는 메신저나 메일을 통해 조금씩 말을 붙이는 정도밖에 하지 못했습니다. 멀리 있어 직접 만나기 어려운 상태였어요. 학기 중 수업을 때려치우고 비행기를 타고 싶은 마음을 간신히 억누르고 있었습니다. 그 사람의 배우자가 임종 전 국제전화를 연결해주었어요. 저는 조그만 목소리로 간신히 말했어요. 그러니까 우리가 함께한 시절이 있고, 그때를 오래 기억할 거라고. 대답을 하지 못해도 다 듣고 있노라고 배우자가 대신 답해주었어요.

종강할 무렵 부고가 날아왔어요. 망할 놈의 수업, 아

니 다 핑계지요. 얼굴을 마주할 용기가 없었는지도 모르겠습니다. 그 사람이 있는 곳의 구글 지도를 한참 들여다보는 게 전부였습니다. 일만 킬로미터 떨어진 거리에 살아 있는 나와 죽어 있는 그 사람이 있었습니다. 고작 열두시간의 비행 거리일 뿐인데 다시는 보지 못하게 되었습니다. 아침 수업 가는 길, 광역버스를 타고 가면서 온라인 장례식에 참석했어요. 눈물도 나지 않았습니다. 다시 물어야 할 판이었어요. ChatGPT는 분명 알려줄 거예요. 애도의 방법과 기다림의 자세를.

*

이상한 우울감이 몸과 마음을 휩싸고 돕니다. '나'란 무엇일까요. ChatGPT에게 묻는다면 친절하게 알려줄까요. 전문가와의 상담을 권할 것 같아요. 법률 상담, 의료 상담, 번역도 척척 잘하지만 ChatGPT는 잊지 않고 전문가를 만나보라고 합니다. 하지만 내가 만나고 싶은 사람은 전문가는 아니에요. 당신이 만나고 싶은 사람도 그렇지 않나요?

친절한 ChatGPT가 알려준 거의 모든 것들에 대해 그다지 관심이 없습니다.

왜?

질문하는 사람으로 살아가는 일. 그건 ChatGPT를 위해서가 아니라, 여전히 시를 쓰는 일과 통한다고 생각하지만 망할, 오늘은 질문도 답변도 하지 않겠습니다. 원고 끝에 간신히 부기되는 침묵이야말로 가장 잘 쓴 부분이라 생각하거든요.

| 나가며 |

 마음을 붙드는 것들이 있습니다. 시와 음악과 아이들.
 평생 마음을 붙드는 것들과 사이좋게 지낼 수 있다면 좋겠지만 생활로 돌아오면 그렇지만은 않습니다. 이리저리 치이고 닦이며 나란 사람, 나의 인생에 의문이 생기고 헤매게 됩니다. 그래서 이리저리 흔들리는 마음을 다시 붙들기 위해 두리번거립니다.
 이 책에 수록된 글들은 그렇게 두리번거리는 몸짓이라 할 수 있겠습니다. 그 가운데 들었던 노래, 귀 기울였던 목소리, 오래 들여다봤던 글에 대한 기록입니다. 시를 쓰며, 또 아이들과 생활하며 저는 분명 더 나아졌다 생각하지만 아플 때도 많았습니다. 상처와 고통의 힘으로 사랑의 가

나가며

장자리를 더듬어볼 수 있게 되었습니다.

    글을 쓰는 사람으로 살 수 있어 감사합니다. 작은 것들에 입술을 달아주고 귀 기울이며 들을 수 있는 사람으로 살아가도록 지지해준 분들께 고마운 마음 전합니다.

2025년 어지러운 봄에

이근화

에세이&

**작은 것들에
입술을 달아주고**

초판 1쇄 발행 2025년 4월 30일

지은이 이근화
펴낸이 염종선
책임편집 김가희 이진혁
조판 신혜원 한향림
펴낸곳 (주)창비
등록 1986년 8월 5일 제85호
주소 10881 경기도 파주시 회동길 184
전화 031-955-3333
팩시밀리 영업 031-955-3399
　　　　 편집 031-955-3400
홈페이지 www.changbi.com
전자우편 lit@changbi.com

ⓒ 이근화 2025
ISBN 978-89-364-3977-4 03810

* 이 책 내용의 전부 또는 일부를 재사용하려면 반드시
　저작권자와 창비 양측의 동의를 받아야 합니다.
* 책값은 뒤표지에 표시되어 있습니다.